心理咨询师的
部落 传说

徐钧——著

人民邮电出版社
北 京

图书在版编目（CIP）数据

心理咨询师的部落传说 / 徐钧著. -- 北京 : 人民
邮电出版社，2024. -- ISBN 978-7-115-65235-5

Ⅰ. K816.2

中国国家版本馆 CIP 数据核字第 20249PY313 号

内 容 提 要

　　心理咨询师群体是一个特殊的部落，他们穿梭于人类心灵的丛林，挖掘人性中潜藏的宝藏。作为这一部落的领路人，每一位被载入史册的心理咨询师都拥有属于他自己的传说。

　　本书作者徐钧在研读多部著作和文献的基础上，将 30 余位历史上著名心理咨询师的生命故事呈现在读者面前。这里有精神分析祖师爷弗洛伊德，有创造力非凡的荣格，有为爱正名的罗洛·梅，有游戏人间的温尼科特，有活出生命意义的弗兰克尔，还有想救助母亲的阿伦·贝克……在这里，我们不仅能了解这些心理学大师的经历、智慧、成就和命运，还能感受到他们生而为人的瑕疵和有限性。而正是这些瑕疵和有限性，让这些传奇人物变得亲近、可爱而真实。

　　无论对心理学从业人员还是普通大众来说，本书都是不可多得的佳作。

◆　　著　徐　钧
　　责任编辑　杨　楠
　　责任印制　彭志环

◆ 人民邮电出版社出版发行　　　　北京市丰台区成寿寺路 11 号
　邮编 100164　电子邮件 315@ptpress.com.cn
　网址 https://www.ptpress.com.cn
　北京捷迅佳彩印刷有限公司印刷

◆ 开本：880×1230　1/32
　印张：8.5　　　　　　　　　　2024 年 11 月第 1 版
　字数：156 千字　　　　　　　2025 年 9 月北京第 2 次印刷

定　价：59.80 元

读者服务热线：（010）81055656　印装质量热线：（010）81055316
反盗版热线：（010）81055315

推荐序

意外

徐钧的这本《心理咨询师的部落传说》中选取的小故事，与其说是传说，不如说是"意外"。或者说，"传说"就是"意外"。我实在找不到一个合适的词，权且用"意外"吧。借这篇序，也借这"意外"，我想表达我的一点理解。

一般意义上的意外，即出乎意料、碰巧，都发生在这些伟大的心理学家身上。例如，赖克为职业选择而困扰时，在街头巧遇弗洛伊德；森田正马在投入学习后，其脚气与神经衰弱意外地没有恶化……

人们常说情理之中，意料之外。情理之中，说的是事后怎么看都有其内在必然性；意料之外，说的是实际过程总与事先计划不一致，有太多偶然性。意料之外是暂时的中断，情理之中则是随时的接续。对于人的世界，这意料之外尤为重要，差不多是其本质所在。没了这意料之外，生活会显得多么贫瘠、无趣，少了多少活泼泼的创造。

徐钧曾说起本书的写作动机："……就是试图通过这本书，逼真地描绘在心理咨询互动过程中体验的转变点……"这样的转变点，由上述诸多意外构成，是人类学视野中所谓的"心灵发现"。毫无疑问，这些意外都对当事人产生了至关重要的影响。

所以，本书的诸多传说是真的值得去细细品味的。同理，我个人认为，心理咨询当事人个人史中的故事、一些经历的片段，具有寓言的性质，也需要反复解读。文艺理论家认为，文学是生活陌生化或戏剧化的结果。其实，生活本身就是意外的戏剧。如果浸泡在当事人的故事中，去充分感觉、描述，总会有超乎想象的发现，心理治疗师与当事人由此得以体认自身的独特性与丰富性。

这里特别要提一下另外一个层面的"意外"，即心理治疗中诠释的功能与意义。诠释是心理治疗的重要工具。然而，真正的痊愈（如果有）发生在诠释之外，即"意外"——治疗师当下的意想之外。完美的诠释是治疗师企图理解当事人的一种努力，绝对不是问题的正确答案，诠释与寻求诠释的努力把我们带到人迹罕至之处，那里春暖花开，人声鼎沸……

回到本书作者徐钧身上，以我有限的了解来看，徐钧也大概是误打误撞进入了心理治疗领域，他今天的成就应该是一系列"意外"的结果。我总感到他在兴趣盎然地钻研自体心理学、聚焦、正念，在治疗和培训中投入饱满的热情，可以想象，他是以天真的赤子之心在发现和创造一个个意外吧。这本特别的书可以算作意外之喜了。

以"意外"观之，每个人都是传奇。

吴和鸣

中国地质大学（武汉）应用心理学研究所

目录

🌾 缘起

本书第一版是我于 2008 年写的，当时我跟两位心理学图书编辑坐在出租车上，一位是徐维东博士，另一位是郑燕老师，他们编辑出版过不少心理学图书。我们三人在谈到一些书的时候，一个想法突然闯入我的脑海：与其写一本专业书，不如写一本大家都能读的有意思的书，它不仅能对普通大众有所启发，还能帮助专业读者理解临床实践中的种种遐想。当我说出这个想法时，我们三人当时都觉得十分有可行性。于是，《心理咨询师的部落传说》便在这个遐想中启动了。

遐想是由英国经验主义哲学家大卫·休谟（David

Hume）发现的，即人的观念与自动的心理联想或想象力有关。他指出，思考是一种习惯，它还没等我们花时间反思就已经在发挥作用了。休谟将这个自然而然的心理过程称为遐想（reverie）。休谟不但是哲学家，也是历史学家，还撰写了著名的《英国史》。我想，在他撰写《英国史》时，遐想应该起了很大的作用。而威尔弗雷德·比昂延续了休谟所说的遐想，扎根于比昂所说的梦的工作中的阿尔法或醒梦思维，同时也受到比昂在牛津大学历史学系的学习经历的影响。其实，遐想这个词所指出的实践意义在荣格那里已经开始了，只是荣格没有使用遐想这个词。中国的申荷永博士曾引用《周易》中的"感应"来描述类似的心理过程，我觉得也是相应之词。

后来，严和来博士提示我，英语中的"reverie"一词与法语中的"rêverie"一词类似，其中有梦、白日梦的含义，这一点很好地启发了我对这个英语词的理解。我在查询法语词典时发现，"rêverie"源于动词"rêver"（梦想、做梦），前者指的是一种梦幻般的、冥想的状态，或者是一种沉思的幻想。这一点又很好地启发了我对汉语"遐想"一词的深入理解。联想比昂曾经去法国研学的经历，我怀疑他受到了法语的影响。而它的概念可以延伸到无意识的心理位置的前意识表达。所以，这个词颇有《道德经》中"惚兮恍兮，其中有物"的味道。张沛超博士也建议使用"恍惚"一词，而不是"遐想"。我觉得这类似于一种创造性的白日梦。

《心理咨询师的部落传说》遐想之前

2008 年，我在中德班高级组接受训练时，我的德国督导师德瑞奇·马克特（Drich Markert）——著名精神分析师宝拉·海曼（Paula Heimann）的学生——给我们讲过海曼的故事，这个故事是本书遐想的伏笔。

弗洛伊德最先提出了反移情的概念，并建议在精神分析中应该禁止反移情的出现。到 1950 年前后，海曼重新使用了这个概念。

海曼最早与梅兰妮·克莱因一起发展克莱因学派，因为克莱因本人不是很好相处，二人合不来，于是她离开克莱因，跟安娜·弗洛伊德一起推动精神分析的传播，包括第二次世界大战后恢复德国等地区的精神分析事业。海曼在那时发展了一种新的视角。她谈及精神分析中的很多东西都是咨询师的自然反应，这个自然反应就是反移情。反移情是一种自然性的情感，并且有助于咨询，所以作为精神分析师不能太"装"。

有一次，海曼跟另一位分析师在法兰克福的讲座上展开讨论，马克特坐在下面听到海曼说："如果有人送我一束花，我会很高兴并欣然接受。但接受之后，我会继续思考，如果送花的是来访者，而我没有接受这束花，那么这又会给他带来什么？"海曼给出一个视角：咨询师如果隐蔽在咨询师角色之后回避一些东西，这样的精神分析就是缺乏活力的。

当时，我对这个故事很有感觉。这个故事并不是中德班教学大纲中规定必须讲的东西，但往往是这些"不必要"传递出了一些内容，这些内容对理解海曼的自然性有很大帮助。而我现在将此视为一种遐想的浮现过程，它除了传递故事本身的意义，也传递了一些故事之外的暗在信息。

故事在展现的时候，就像"言传身教"中的"身教"一样。"身教"的感觉就像新鲜出炉的面包，充满了生命力。故事引发了我们对历史事件的不同看法。我国是历史十分悠久的国家，从《史记》开始，每个朝代的历史都被记录和言说。以前在读历史的时候，我往往需要读很多遍。例如，考试时，你会看到这样一个问题：公元657年发生了什么事件？为了顺利通过考试，你会去背诵历史课本中的事件。但是，历史的意义仅限于此吗？如果历史只是为了记录，那么它的意义就仅限于被言说。即使我知道了公元657年有哪些历史事件，也对这段历史毫无感觉。公元657年发生了很多事件，如唐朝与回鹘发生战争、玄奘和唐高宗去西明寺开光等。历史只记录了大事件，却没有记录真正的故事。例如，玄奘陪唐高宗回来的路上发生了什么？这些对历史的遐想在历史阅读中很少被注意，但这些"遐想－无意识"的插片一直在我们的前意识这个位置上工作着。

我们在看一件事情时，不能只看到它的表面。同样，当我们看心理学史、精神分析发展史、认知治疗发展史和人本主义发展史的时候，不能只看到单向讲述的历史事件。每个故事都会给我们带来无意识的遐想，在因缘际会时再次创造出新的意义。

精神分析、认知治疗、人本主义、家庭治疗等，每个学派都有自己很重要的故事，这些故事以口耳相传的形式传递，保存了当下未被理解或暗在的势力。我们在偶尔想起这些故事时，故事在当下隐喻了未知的价值。而当我们进一步体会这些故事的遐想时，这些转化的价值会被明在化，并让我们所在的当下发生改变。

遐想的弗洛伊德

作为心理咨询师，我们必然会说起弗洛伊德的故事。弗洛伊德去世近 90 年了，我们或许会想知道，弗洛伊德是如何去世的？弗洛伊德患有口腔癌，他跟医生约定，如果到了实在无法治疗的时候，就给他使用吗啡。两三支剂量的吗啡可以致死。也就是说，弗洛伊德采用安乐死的方式结束了自己的生命。弗洛伊德在面对死亡时的坦然，足以让我们看到他作为一个人的存在，而不是作为书中人物的存在。

弗洛伊德还有很多故事，如治疗他的患者"狼人"的故事。在弗洛伊德去世很多年后，一位人类学家对"狼人"进行了采访。在采访中，"狼人"说自己并没有被弗洛伊德治愈，这引起了精神分析学会的紧张，毕竟弗洛伊德曾表示"狼人"的案例是比较成功的。

直到"狼人"去世，他的档案才被公之于众。"狼人"患有精神病性抑郁，在尝试了所有治疗但都没有效果后，他找到了弗洛伊德。"狼人"很富有，所以能够长期接受精神分析。在分析开始的两年里，"狼人"的症状有所缓解，但因为弗洛伊德那时病情严重（在做了30多次手术后，弗洛伊德的上腭被全部切除，两个鼻窦被直接展开，嘴里还有臭气），需要在接受治疗后好好休息，所以他将"狼人"转介给了他的两名学生。一段时间后，由于两名学生的治疗都不太成功，于是弗洛伊德又将"狼人"转回到自己这里。几年后，弗洛伊德单方面宣布结束治疗。

"狼人"曾回忆道，他与弗洛伊德有联结，在治疗中，他感受到的并不是弗洛伊德的诠释，而是自体客体经验，即弗洛伊德在某种程度上与"狼人"有所共鸣的经验。弗洛伊德还曾邀请"狼人"与自己的家人共同就餐，"狼人"感觉弗洛伊德是一位温暖的老人，总是眼巴巴地希望他能说出一些无意识里的东西，但他最后还是让这位老人失望了，因为他并不知道弗洛伊德想让他说些什么。

　　虽然"狼人"并没有彻底痊愈，但从以上描述来看，治疗在一定程度上还是成功的，因为"狼人"的症状得到了改善，而且对"狼人"来说，这是一段令他印象深刻且非常重要的经历。

　　弗洛伊德的两名学生则不同。"狼人"回忆道，这两位分析师很节制，节制到基本不说话，这让他感觉很不好。从当代精神分析的治疗观点来看，如果分析师对具有精神病结构的来访者过于节制，来访者就会投射出很多妄想，而咨询师的沉默会让来访者承受不住自己的妄想，所以不利于治疗。

　　弗洛伊德曾有过一次强烈的反移情，来访者是位高级学者，在埃及做了几十年的考古工作。做治疗时，弗洛伊德满脑子都是关于埃及历史和文物的联想，这让他很兴奋，因为他喜欢搜集古董。所以，在治疗过程中，他经常询问来访者关于埃及的事情。几个月后，他把这位来访者转介给了其他分析师，因为他发现如此强烈的反移情对来访者是有害的。

　　弗洛伊德是个工作狂。按照犹太人的习惯，他每天早上六点起床、吃早餐，七点多开始工作。他会一直工作到下午，吃点儿点心，休息一刻钟，然后继续工作到晚上八九点。十点吃完晚餐后，他会出去散步半个小时到一个小时，回来后他会查看文献、写点东西，直到十一二点才睡觉。虽然工作量很大，但他很享受。除了工作，弗洛伊德经常会去意大利休假。休假的时候，他不接待分析工作。他喜欢搜集各国的文物和古董，在他伦敦和维也纳的房子里，我们能看到他搜集的很多古董，这还不是全部，因为他逃离奥地利时，很多古董都被纳粹没收了。他还是一位业余人类学家，著有《图腾与禁忌》和《摩西与一神教》，这两本书都是古典人类学的经典之作，经常被讨论。

奥托·兰克（Otto Rank）是弗洛伊德的养子。兰克小时候很穷，没办法负担学费，阿尔弗雷德·阿德勒（Alfred Adler）遇到兰克时，跟他说起精神分析，兰克听后很感兴趣，于是买了弗洛伊德的书来读，并写了一篇关于艺术与精神分析相关的文章拿给阿德勒。阿德勒看后很惊讶，这个十六七岁的孩子居然能写出这样的文章，于是把文章拿给弗洛伊德，弗洛伊德看过文章后便约见了兰克。二人见面后，弗洛伊德决定资助兰克去上学。后来，兰克成为非常有成就的精神分析师。

弗洛伊德的故事还有很多，这些故事不排除被加工过的可能，但这些口耳相传的生动历史更具生命力的"遐想"，可以让我们更加理解弗洛伊德，并让弗洛伊德的理论立体地"活着"展现在人们面前。这些历史不是言传，而是很直接的"感应"，让我们看到整个精神分析的进程中充满的活力，这些活力促成了我创作本书的前遐想。

无论是著名的心理咨询师还是我们，都是十分有限的人类。当我们能够认识到这一点时，我们就会发现：做咨询时，我们要像一个人一样与来访者进行工作，这样就不会陷入自大的立场——开放的、凡人的、非自大的立场对我们做心理咨询很有帮助。

在本书中，我通过遐想来讲述关于一个个生命的故事。这些故事鲜活地展现在我们眼前，呼应我们每个人无意识中的暗在，并浮现出无意识的插片进入前意识中，让我们体验活着并指向活出来的方向。

"作为成年人，我能够回想起在童年时代做游戏时所怀有的那种认真、严肃的态度；

如果把今天显然严肃的工作当成童年时代的游戏，我便可以抛却现实生活中强加的过于沉重的负担，通过幽默的方式得到大量的快乐。"

西格蒙德·弗洛伊德

（ Sigmund Freud， 1856—1939 ）

西格蒙德·弗洛伊德是奥地利维也纳医生、精神分析学派的创始人。他早年从事神经生理学研究，后来由于社会变革等原因转行做神经科医生。在法国的让–马丁·沙可（Jean-Martin Charcot）和奥地利的约瑟夫·布洛伊尔（Joseph Breuer）的临床谈话治疗影响下，他开始应用催眠和宣泄疗法治疗精神疾病。他发现，有心理困扰的患者把曾经的记忆和情绪经验排除在意识之外，由此阻碍了许多心理功能；通过宣泄回忆，被排除的内容获得意识的接纳，心理疾病就可以痊愈。1893 年，弗洛伊德与布洛伊尔合作发表了论文《癔病研究》；1900 年，弗洛伊德出版了经典著作《梦的解析》，并由此逐渐发展出精神分析。

弗洛伊德的精神分析思想因其先驱而无参照的特点，应该被视为一个演变发展的过程。总体来说，弗洛伊德的精神分析思想经历了三个阶段，即环境创伤论阶段、第一拓扑学阶段（意识、前意识、无意识）、第二拓扑学阶段（本我、自我、超我）。其中，第二拓扑学启发了安娜·弗洛伊德、海因茨·哈特曼（Heinz Hartmann）、克莱因、比昂、迈克尔·巴林特（Michael Balint）、温尼科特、科胡特等人进一步发展出更多完善的理论。这一演变过程反映了一个人经由探索而不断推翻自己、修正自己的过程。

弗洛伊德一生都在进行临床心理治疗和写作，他独特的人格和理论也受到各种赞誉和攻击。但不管怎样，他的精神分析思想都无可争辩地对心理学、精神医学、文学艺术、社会学、人类学及人类生活的各个方面产生了巨大的影响。

·工作的动力·

弗洛伊德每天忙于临床心理治疗工作，患者一个接着一个——因为实在有太多患者需要他治疗，也有太多患者希望接受如此有名望的心理治疗师的治疗。之后，他还需要撰写案例报告、专业论文，编辑杂志——因为有很多人希望阅读他的作品，以他的理论为自己思考的指向。他也要面对自己所领导的一个跨国精神分析研究团体中的人际关系——因为那个团体中的人际关系之复杂和观点之纷争会让任何一个领导者感到棘手。同时，他还要负责演讲和出版文学、法律、宗教、儿童心理学方面的著作——因为全球都希望他能够给予社会和文化一些良策和心理学知识。

当然，这一切也指向挣钱养家的普通人的生活压力。不过，许多人在经历此种生活时可能会焦头烂额，彻底崩溃。

这就是精神分析创始人弗洛伊德真实的生活写照。他为何能够在这么繁忙的情况下依旧继续保持心理健康、精力充沛？我曾经思考过这个问题，最初，我的答案是，他大约有养家的压力。估计出于保证妻子和几个子女的生活经济需要，他才会有那样的苦干。直到后来，当我阅读他的论文《作家和白日梦》时，我才感觉到他的真正动力所在。

弗洛伊德说："作为成年人，我能够回想起在童年时代做游戏时所怀有的那种认真、严肃的态度；如果把今天显然严肃的工作当成童年时代的游戏，我便可以抛却现实生活中强加的过于沉重的负担，通过幽默的方式得到大量的快乐。"

虽然不排除他出于对家庭的责任而工作繁忙，但我们在此也肯定可以认识到，他是真的喜欢精神分析工作。他将工作合并到兴趣中，由此工作成为娱乐游戏的手段之一。这样工作对他来说井然有序，并且轻而易举。因为许多背负家庭责任外出工作的人，并不能做到如此快乐。

因此，弗洛伊德即使在这样高强度的工作之下，还是能保持每天中午一点准时与家人一起用餐，黄昏时分在城中的街道上悠闲散步，每逢周六与一圈牌友打牌、做游戏、聊天，以及每逢周日上午探望自己年迈的母亲。同时，他还能接待不少慕名而来的访问者，有时还可以抽时间和家人去看一出莫扎特的歌剧。

他，那么繁忙居然还能拥有如此丰富的生活。这就是一个人触及其内在动力的意义。

·弗洛伊德与女儿苏菲·

在一个欧式的房间里，弗洛伊德的一个女儿去世了。后来，他的另外一个女儿去了国外。当时，弗洛伊德还在世。那个去世的女儿名叫苏菲（Sophie）。这是我曾经做的一个梦，梦醒时分，我对这个梦的由来感到好奇，于是想尝试自由联想一下。与此同时，我也对苏菲这个名字和弗洛伊德是否有这样一个女儿产生了兴趣。我开始注意起弗洛伊德的家事来。

有一次，我看到一篇弗洛伊德于 1936 年写给著名的精神病学家路得维希·宾斯万格（Ludwig Binswanger）的信摘，上面写道："今天，我死去的女儿该 36 岁了……我们知道，这种由生离死别带来的剧痛是会过去的，然而人心永远也不可能得到安慰，因为我们找不到任何东西来弥补这样的损失……我们不肯背弃对一个人的爱，要它永远永远留在心底。"

我查阅资料，寻找弗洛伊德死去的女儿是谁。然后我发现，那位令弗洛伊德如此怀念并深感悲痛的女儿真的名叫苏菲。这令我惊讶不已，事实与我的梦境竟如此吻合。于是我想，也许是我以前在什么地方读到过这一资料，只是当时没有注意。但想来想去，我还是无法回忆起来。

苏菲在 1926 年因流行性感冒引发肺炎而不幸去世，终年 26 岁。

弗洛伊德的智慧传承是由爱女安娜·弗洛伊德完成的，他的情感传承却是由爱女苏菲完成的。

按照当时的传统，苏菲早早地就恋爱了。对此，弗洛伊德并不知情，这倒不是弗洛伊德只关心精神分析而不关心女儿，而是女儿秘密地约会，不让父亲知道。不久后，苏菲就和男友私自订下了婚约。

一天，弗洛伊德在家，女儿苏菲害羞又胆怯地告诉了他订婚一事。弗洛伊德这才知道这件对一个普通家庭来说惊天动地的事情。20 世纪初，父母对儿女的管束绝没有现在来得宽松，即使是现在的父母，也会有点接受不了这么突然的消息，何况在那个时代。儿女这样意外的决定一般会让父母无法接受。不过，弗洛伊德就是弗洛伊德，他在调整了自己的心情后，还是相当开明地接受了女儿的这一自由选择，并主动给男方写信，邀请对方见面。他的信中充满了爱女深切之意：

我们向来是愿意三个女儿依照自己的心愿自主地选择夫婿的……然而，我们毕竟是做父母的，天下父母有的幻想，我们也都有；我们感觉有必要明确我们的重要地位。所以，在激动地首肯或道一声"阿门"之前，我们也想认识一下你这位风华正茂的年轻人。

弗洛伊德早年在与笔友威廉·弗利斯（Wilhelm Fliess）的私下通信里，经常表达对女儿的款款厚爱，并逐月逐日地描述自己的孩子中谁长了牙齿，谁做了什么调皮事，谁生了病。其中，对爱女苏菲的描述特别多。

这种父女之爱在他们今天都已成为泥土中的尘埃后还是会流传下去。这实际上就是人类对子女所共有的父母之爱。作为精神分析创始人的弗洛伊德，往往会被崇拜他的世人投射太多理想化的光环，或者被反对他观点的人投射许多负面描述。但作为真实存在的弗洛伊德，除了精神分析创始人的学术身份外，还有作为凡人的生活，有自己的家庭、父母、子女。

·弗洛伊德之死·

伦敦，寓所，弗洛伊德，病榻。

弗洛伊德逝世的前一天，是 1939 年 9 月 22 日。

为了控制致命的口腔癌，医生在早些时候已经切开他的面颊，刀口发出的恶臭使他的爱犬也不愿走近。

弗洛伊德之前已经患有口腔癌 16 年，在此期间接受了 31 次手术。最后，医生使用人工支架修补了他的上颌。1938 年，被弗洛伊德称为"不速之客"的癌细胞加速扩散，一度使他无法说话。

对此，弗洛伊德说道："哀莫大于一个人的躯壳先他而去。"

同年，希特勒入侵奥地利。弗洛伊德不愿意逃亡，但后来当纳粹开始展开迫害活动时，他开始担心安娜·弗洛伊德等家眷的安危。在美国罗斯福总统的干预下，纳粹收了25万奥地利先令的赎金放他出境。

弗洛伊德带着女儿安娜等家眷流亡到英国伦敦。虽然当时弗洛伊德对患者的精神分析都已转交给女儿安娜进行，但他自己仍坚持精神分析研究。此时的弗洛伊德面部塌陷，形容枯槁，但头脑依然清醒如昔。尽管日益恶化的癌症带来了剧痛，但他拒绝使用任何镇痛药物。这位精神分析创始人说："我宁愿在痛苦中思考，也不能失去清醒的头脑。"

1939年9月，弗洛伊德已到弥留之际，病痛愈加让他难以忍受，这时，他才不再固执地拒绝用麻醉药镇痛。这位83岁的老人已经无法进食，为避开逐臭的苍蝇，他终日躺在蚊帐里。

马克斯·舒尔茨（Max Schulz）是弗洛伊德的私人医生。

弗洛伊德说："亲爱的舒尔茨，你还记得咱们的第一次谈话吗？你当时向我保证，如果我再也熬不住了，你会帮助我。现在，剩下的只有痛苦，挺下去已经没有任何意义。"

舒尔茨点点头，握了握弗洛伊德的手。

舒尔茨告诉安娜，他曾经答应弗洛伊德，在生命终结的时刻，会给他使用镇痛剂。

舒尔茨给弗洛伊德打了第一针吗啡，12 个小时后又打了第二针吗啡。随后，弗洛伊德陷入昏迷。第二天凌晨，弗洛伊德的心脏停止了跳动，那是 1939 年 9 月 23 日凌晨三点。

那天回家，舒尔茨在日记本上写道："他马上感到了解脱，那似乎永恒的痛苦表情消失了。大约过了 12 个小时，我又给他注射了一针吗啡。弗洛伊德显然已精疲力竭，他进入了半弥留状态，从此再也没有醒过来。"

选择一种有尊严和体面的死亡，能够安静、成熟地坦然面对死亡，而非感到恐惧、惊慌，就是这位精神分析创始人在人世间最后的故事。

只要内心相知、相互信任，理解彼此真正的
灵魂，

那么即使两个人相隔甚远，心还是在一起的。

西奥多·赖克

（Theodor Reik，1888—1969）

　　西奥多·赖克是奥地利心理学家、精神分析师，对精神分析的发展有诸多贡献。他是弗洛伊德早期最杰出的弟子之一，他们的关系从 1910 年一直持续到 1938 年赖克前往美国为止。赖克也是"海洋经验"等精神分析概念的提出者。

　　他的代表性著作是《内在之声》，这本书以自我案例的形式，详细地讨论了精神分析中自我分析的各个方面，启发和指导了心理治疗工作者对自我的探索。

· 内在的声音 ·

精神分析师赖克曾为自己在博士毕业后从事什么职业而烦恼，他左思右想，无法决断。

一天夜晚，赖克在维也纳街头正巧遇见了当时已是名人的弗洛伊德，弗洛伊德正在餐后散步，并且很乐于与赖克交谈。于是，赖克把自己关于职业选择的烦恼和想法一股脑儿地说出来，向弗洛伊德求教。

弗洛伊德回答道："我并不能替你做出什么选择，只能告诉你我的一些经验。一直以来，我觉得对于不甚重要的决定，前思后想总会有所帮助。而对于事关一生的重大决定，如选择配偶或一份终生的职业，前思后想似乎并不会有多大作用。在做出事关一生的决定时，相信自己内在的声音总是多有益处的。"

这内在的声音，就是我们的生命内部决定要活出来的方向。

或许，这也是弗洛伊德早年的经验。当时在著名的维也纳大学生理实验室做研究助理的弗洛伊德，因为面临结婚和养家的经济追求及奥匈帝国的经济衰退等原因而选择离开，重新面临职业的选择：是做一名神经科医生，还是做一名内科医生，甚至是做一名泌尿科医生。最后，他选择成为神经科医生，从此走上了心理治疗和发现精神分析的道路。

不然，世界上可能只是多了一名泌尿科医生，而不会有精神分析创始人弗洛伊德的存在。

每个人都会经历需要自己做出选择的时刻，如果我们开放地听取内在的声音，那么之后不管我们遭遇什么，这一属于自己的选择都会使我们无怨无悔地走下去。因为这是我们自己选择的命运，而不是被命运选择的生命。

但内在的声音也经常会被一些表面的现象所混淆，这时就要区分什么是真正能贴近我们内在的声音——"那就是了"。不过在此之前，耐心是有价值的。

· 相合的人并不一定都要在一起 ·

在从荷兰阿姆斯特丹前往维也纳的飞机上，赖克想着与弗洛伊德的告别将会如何发生……赖克要离开欧洲远赴美国发展，他想和自己的这位老师作最后的告别。

在维也纳弗洛伊德的住处，赖克和弗洛伊德进行了会谈，他们都深深地明白，因为时局、年龄、发展等原因，这次见面后，此生彼此都不可能再相见，因此他们的内心都充满了依依不舍的离别之情。

在和老师弗洛伊德握手告别后，赖克站在门口，紧紧地抿住自己的嘴唇，掩饰内心的伤感，以阻止自己几乎要掉下来的眼泪。

这时，弗洛伊德突然走上前去，拍着赖克的肩膀说："我一向都喜欢你。"这是之前弗洛伊德在与赖克多年的师生生涯中从未说过的话。

赖克再次恋恋不舍地鞠躬，感谢老师对自己真心的认可。

弗洛伊德继续用坚定而沉着的声音对赖克说："相合的人并不一定都要在一起。"

自此，赖克和弗洛伊德再也没有见过面。

赖克在之后的回忆中经常提到，每当他想起弗洛伊德、想起多年不见的师友，或者想起有些可能永远也无法再相见的朋友时，他的内心一直会响起弗洛伊德最后对他说的话："相合的人并不一定都要在一起。"

即使赖克因对精神分析有了新的观点而受到他人指责，暗示他是弗洛伊德学派的叛徒，他的内心还是会"响起"他与弗洛伊德告别时听到的坚定的声音。因为他们真正相知，所以他可以不理会那些指责。

这世上没有什么人愿意接受这样的人生别离，但对每个人来说，这或许又是人生的常态。

我们都会经历类似的告别，正如佛陀所说的"爱别离苦"。或许在那些时刻，我们对内心的感受难以自已，想到以后可能再也无法见到心爱的知己、长辈、老师、朋友时，我们的内心一定会感伤不已。怎么舍得说分别就分别呢？

我们的内心会生出依依不舍之情和许多想要说出的话，但时间、时局、处境可能不再允许这样继续面对面地知心交流。但只要内心相知、相互信任，理解彼此真正的灵魂，那么即使两个人相隔甚远，心还是在一起的。

"相合的人并不一定都要在一起。"

"说到底，我们是居住在世界屋脊上的民族，我们是太阳父亲的儿子。"

卡尔·古斯塔夫·荣格

（Carl Gustav Jung，1875—1961）

卡尔·古斯塔夫·荣格是瑞士心理学家和精神科医生、分析心理学的创始人。早年，他曾是精神分析学派内被弗洛伊德指定的接班人，因此担任了国际精神分析学会第一任和第二任主席。后来，他因与弗洛伊德的观点产生分歧而离开精神分析学会，并发展了分析心理学派，又成立了国际分析心理学会。荣格理论的最独特之处在于，重视人类的集体无意识和原型现象（即人类共有的，表现在宗教、神话、传说等文化中具有遗传特性的生物性特质），在治疗中强调原型自性发展与社会自我之间的平衡对话。

·波林根与中国村庄的故事·

66 在瑞士的波林根，我仿佛融化于周围的风景与物体中，于是我便生活在每一棵树中，生活在波浪的起伏拍岸中，生活在云彩和来来去去走动的动物中，生活在交替的四季中。在那里，波林根的著名石塔中并没有被装上电力，也没有自来水，一切都是自然的状态。周围总是一片寂静，最最微小的动静也可以听得出来，而我则与大自然纯朴、和谐地生活着。"

"有时候，我可以听见水壶在烧水，水开后，水壶会唱起歌来。有时候，我也可以听见魔术师梅林的喊声……"

"我用石头做了某种纪念碑式的东西以表达这座塔楼对我的意义。"

这就是荣格。

据说，荣格在波林根为他的塔楼修建花园的围墙时，订购了一些石料，并从中发现了一块由于尺寸不对而无用的奇怪石头。于是，他在这块石头上雕刻上文字，将它安放在塔楼外面，作为具有某种意义的纪念碑。这块最无用的石头因此而成为最有意义的石头。

他在瑞士的波林根——当代荣格派分析心理学家作为圣地的地方——找到了象征自性的石头。

荣格曾经讲过一个人与自然的故事，这也是不少荣格派心理学家经常讲起的。这个故事发生在中国，据说中国北方的一个村庄因为很长一段时间没有下雨，引发了旱灾，庄稼都要旱死了，于是村庄里的人不得不去请道士来作法祈雨。

过了几天，一个衣衫褴褛的老道士赶着一驾破牛车来到村庄。村庄里的人看到他后，请他快点祈雨。老道士按照村庄里的人的要求祈雨了几天，但天好像没什么反应。

于是，这个老道士说，需要几天时间让他静休才行。之后，老道士在就在一个小院内自然地生活了几天，也不管天气怎么样了。

几天后，天开始下起了雨，庄稼得救了。

荣格的一位德国朋友当时正路过这个村庄，于是问那个老道士，他到底做了什么？

老道士说，当他来到这个村庄的时候，按照村里人的要求祈雨但无效，他感受到这里的人和天地的自然关系阴阳失调了，所以才不下雨。他初来时也被这种情况影响了，因此他就尝试放弃任何作为，将自己处于无为的自然之道中。不久，天、地、人之间的平衡就被调整了，天也就开始下雨了。

真的还是假的？

这很难判断。

但这里最重要的不是真与假，而是人与世界万物如何和谐相处。

·太阳父亲·

荣格曾评论自己是内倾直觉型[①]的人。

所谓内倾直觉型，就是以内心的感受和对全局直觉性的把握而生活的人，不少心理咨询师都是这一类型的人。这种类型的人因为能够细致地共情异文化之心，所以可以较好地理解那些存在于人类心灵中但被忽视的精神内容。

太阳在远山，越升越高。

"那不是我们的父亲在走动吗？还能有别的话可说吗？

[①] 荣格提出八种人格类型，除内倾直觉型外，还有七种类型，即外倾思维型、外倾情感型、外倾感觉型、外倾直觉型、内倾思维型、内倾情感型、内倾感觉型。——作者注

怎么可能还有另外一个神呢？没有太阳就什么都没有。单独一个人在山里能做什么呢？没有太阳就连火都生不起来。"

这一日出景象发生在美洲大陆——美国新墨西哥州的印第安部落驻地。

那个地方的部落酋长对荣格解释道："说到底，我们是居住在世界屋脊上的民族，我们是太阳父亲的儿子。"

一天，当荣格再次站在印第安某地的河畔仰望 1829 米的山峰时，有位印第安老人走到他身后感叹道："你不认为一切生命都是从这座山上来的吗？"

在《荣格自传》中，荣格对这些事情表达了一种几近认同的观点。他说，他在那个时刻明白了当地印第安人的尊严及其安然、镇静的神态的来源。荣格在这些事上所发现和希望表达的是，对于日出这类场景，在全人类的心灵感知中，存在着生物进化中遗传下来的原型激动，或者说激昂、深沉……

因为在这个时刻，他共情了印第安人的赤子之心，也就是人类共有的基础情感，以及被许多忙于城市生活的现代人所忘记的自己。

· 人有不同 ·

荣格曾与好几位诺贝尔物理学奖获得者交往，其中与一些人是咨询关系，与另一些人是朋友关系，爱因斯坦就是其中一位。

有段时间，荣格和正居住在瑞士苏黎世的爱因斯坦商定，二人以每隔一周交互教学的方式了解对方的学科。此前，他们对于对方的学科虽有所耳闻，但一直缺少系统的了解，现在有这样一个互相了解的机会，双方又分别是心理学和物理学领域的大师，互补就成了他们对未来一段时间的期盼。于是，他们约定了给彼此讲课的事宜。

虽然爱因斯坦精通物理学，能以最通俗易懂的方式给荣格进行讲解，但第一周授课开始没多久，荣格便觉得头痛欲裂，只能感觉到自己在爱因斯坦面前只有自卑和痛苦的份儿，丝毫没有因为接受这样一位物理学大师的教授而感到荣幸。他度时如年地忍耐着这令人自卑和沮丧的听课过程，内心唯一可以做的，就是幻想如何在下一周约定的讲课日那天在爱因斯坦面前展示自己在心理学方面的才华。

到了下一周，当荣格开始向爱因斯坦讲解心理学时，就轮到爱因斯坦愁眉苦脸地接受痛苦且沮丧的听课洗礼了。荣格的心理学思想本身就有许多历史和人文内容穿插在内，试图理解他的学问，对于一个人的直觉、内省力、敏感度、人文修养等方面绝对都是挑战和考验，尽管爱因斯坦不是一位缺乏人文修养的物理学家，但他还是觉得难以抵挡。荣格在回忆中讲述当时授课的感觉倒是如鱼得水，自由驰骋于自己学科的天地。

但好景不长。一周后，荣格的这一愉快状态马上就被爱因斯坦讲授物理学的过程打破。疲惫不堪和遭受折磨的感觉又开始回到荣格身上，但在好友爱因斯坦用很认真的态度单独授课的时候，自己又不能打瞌睡、开小差，还得努力使自己的大脑运转起来，尽量理解爱因斯坦所授的内容。

这种授课回合虽然给双方都带来了无限的学习痛苦和折磨，但据说仍持续了不短的时间。不过在此之后，双方至少对对方的学科知识都稍稍有所领会。此外，我估计他们都做出了一个明智的判断：今后自己不会从事对方的学科。

为了想明白这段时间以来的痛苦，荣格将自己的人格类型理论应用在他和爱因斯坦的心智方式上，以平衡这一事件带来的心理冲击。荣格对这一事件的理解的确有他的道理，他自省是内倾直觉型的人，而爱因斯坦可能是外倾理智型的人。这使他们对世界的解释和组织方式十分不同，并影响了他们对学科甚至人生方向的选择和兴趣。正如我们在生活中经常看到的那样，理科生和文科生在处理事情时会表现出巨大的差异。

理解自己的人格类型，对于日常生活和参与心理治疗是很有帮助的。一位心理治疗师之所以对某些心理治疗方法比较喜爱，同时有能力治疗某类群体的来访者，与他本身的人格特质息息相关。

荣格也曾在著作中提及自己与著名精神分析家弗洛伊德及阿德勒之间的人格类型差异。

我们来看一下人格的八种类型，以帮助我们更好地了解自己。正所谓"自知者明"。

外倾理智型。外倾理智型多见于男性。这种类型的人偏爱知性生活，生活、工作合乎逻辑。他们不独断、不任性、谨守客观事实，凡事喜欢考虑清楚后才下决定。他们在与人相处或分辨事物的好坏时都以此为基准。

外倾情感型。外倾情感型多见于女性。这种类型的人在生活中多顺应自己的情感，同时其情感也多符合周围环境的现实状况。他们善于协调社交关系，与人维持良好、和谐的气氛。

外倾感觉型。这种类型的人对客观事实异常敏锐，注重具体的客观事实。他们在生活和工作中凭感觉来接触人和事。

外倾直觉型。这种类型的人对事物的客观洞察力异乎寻常，但不注重现实分析，而是注重各种可能性，具有丰富的创意。但是，他们对事物的兴趣不容易持久，一旦对某事物失去兴趣，他们就会迅速转移目标。

内倾理智型。这种类型的人追随自己的内在理念，不会因此而害怕被视为特立独行，也不会因害怕伤害与他人之间的情感而放弃自己。他们不在乎客观的事物，只是为理论而理论，不愿意接受他人的意见。

内倾情感型。内倾情感型以女性居多。这种类型的人受内在的主观因素支配。他们从外表上看往往文静有礼，但内心多愁善感，令人捉摸不定，往往令社交对象无所适从。

内倾感觉型。这种类型的人在生活中比较看重事物的效果，而不太看重事物本身。他们喜欢对客观事物做主观解释，往往通过艺术、象征等形式表现自我。

内倾直觉型。这种类型的人往往容易成为思想家、艺术家、宗教家。他们听从自己的直觉，在人生发展中，他们会被自己的内在感觉所吸引，不会被外界所惑，他们的幻想往往也比较丰富。

·乘坐火车的治疗·

经常有著名的心理治疗专家会将心理治疗称为一门艺术，这使人纳闷。音乐、绘画、舞蹈等可以被称为艺术，心理治疗怎么会是艺术呢？

这些心理治疗专家之所以称心理治疗为艺术，是因为心理治疗虽然需要科学依据，但在实际的治疗过程中，治疗师也需要考虑接受治疗的每位来访者本身都是相当独特的人。这就要求治疗师能够以独特的视角协助每位来访者，这一过程就包含了许多创造性的、特别需要生命活力的工作。

所以，心理治疗不仅是一项科学的工作，还是一门需要有创造力和生命活力的真正的艺术。

"并不存在一种普遍的人，每个人相对来说都是独特的"——著名的心理学家荣格曾提出这样一种理念。他的治疗工作也是充满创造性的。

著名的洛克菲勒家族女继承人曾向荣格求治心理疾病，她患有社交恐怖症，因此无法参与各种社会活动和正常的人际交往。当这位富有的来访者听到荣格的名声后，就联系荣格进行治疗。她说，因为无法出门，所以她希望荣格到美国去帮她做治疗，她可以为荣格包一架飞机，除了支付自己应付的治疗费用外，她还可以支付荣格因此而损失的其他患者的治疗费用。这真是一个慷慨的条件，估计很多人会为此而动心。

但荣格当时拒绝了这一慷慨的条件，同时回应道，如果这位患者真的需要接受治疗，可以到他在瑞士的诊所来。

不得已之下，这位女患者自己乘坐飞机去了瑞士，来到荣格的诊所。荣格和她谈了 1 个小时后，就按照通常的时间设置结束了第一次治疗，并将下次治疗预约在下一周进行。

这位女患者由于在治疗间隔时间没什么事情可做，因此苦恼于可能长达几个月或几年的治疗空闲时间究竟该怎么打发。于是，她请教荣格该怎样安排自己的时间。荣格告诉她，如果她实在没事可做，可以在空闲时间乘坐瑞士的齿轮火车绕着阿尔卑斯山旅行。

这位女患者接受了这个建议。于是，在之后几个月的治疗空闲时间里，她就乘坐齿轮火车绕着阿尔卑斯山看风景。不久，她的社交恐怖症就痊愈了。

痊愈的原因在于，在乘坐火车绕着阿尔卑斯山旅行时，这位女患者为了消磨时间和无聊感，不得不在途中和许多陌生的游客交往，因此在不知不觉中，她的社交焦虑就自然地消失了。

弗洛伊德曾说，费伦齐已经成为许多精神分析家的老师。

桑德尔·费伦齐

（*Sándor Ferenczi*, 1873—1933）

　　桑德尔·费伦齐是匈牙利心理学家、早期精神分析的代表人物之一、布达佩斯大学精神分析教授，于1913年创建匈牙利精神分析学会。他曾和弗洛伊德、荣格一起历史性地访问了美国的克拉克大学，促进了美国精神分析的发展。费伦齐在精神分析的早期理论方面有许多原创思想，并于探索和改进精神分析治疗技术方面有巨大的贡献，他所做的一些尝试甚至影响了当代精神分析的技术。之后，他与弗洛伊德因为在精神分析的观点上存在分歧而渐渐疏远。他有很多代表性著作，其中最著名的可能是《临床日记》和《精神分析的发展》（与兰克合著）。

桑德尔·费伦齐 / （Sándor Ferenczi, 1873—1933）

·费伦齐治疗一匹马·

费伦齐是弗洛伊德的同事和合作者、精神分析理论的早期奠基人之一。同时，他也是一个具有非凡创造力的人，他的许多观点和试验孕育了当代一些重要的心理治疗技术。

传说，费伦齐甚至能治疗一匹马。这个小道消息是我从一个同道那里听来的，他绘声绘色地给我介绍："有个人有匹马不肯吃草，于是他牵马去给兽医看，但所有兽医都束手无策。他听说费伦齐善于治疗各种疑难杂症，于是抱着最后的希望到了费伦齐的诊所。费伦齐在了解了事情的前因后果后，对着马全身上下一阵拍打，据说这匹马回去后就痊愈了。"

对于这个故事，我半信半疑。一次偶然的机会，我询问了一位德国的精神分析家是否真有其事。

那位分析家回答说，他好像不记得费伦齐有这样的治疗经历，不过费伦齐的确是一位创造力非凡的分析家，所以有人开玩笑说"费伦齐甚至能治疗一匹马"。这才让我确定，那个故事可能是后人因费伦齐对精神分析治疗技术的积极改革创新而作出的夸张比喻。

早期的费伦齐曾推进主动性技术，即分析师在治疗中需要给予患者一定的推动和治疗压力，以促使患者的无意识问题能够更快地浮现。这一技术存在许多争议，也经常被人误解、误用，不过就其本义而言还是很有作用的。针对这一主动性技术，他还和兰克一起发展了短程精神分析。他们假设，在治疗中，患者可能会回避一些无意识的问题，而如果分析师能够给予患者一定的时限和压力，就有可能促进患者无意识问题的浮现。这是当代心理治疗中短程疗法的开端。

在此之后，费伦齐又考虑到，在精神分析治疗中，如果患者不够放松，可能会导致自由联想的中断或阻抗，于是他提出了精神分析治疗中需要采取让患者放松的技术。但后来因为一些负面原因，这一放松技术被放弃了。

在费伦齐晚年，他还尝试过交互分析。在此之前的精神分析治疗，都是患者处于一个相当被动的地位，而精神分析师则处于一个绝对主动的位置，其中存在可能的不对称和不平等性，而这一特性可能会影响分析的过程。于是，费伦齐和一位接受分析的女性患者〔正在受训的精神分析师伊丽莎白·塞文（Elizabeth Severn）] 约定，先由他给塞文做分析，一段时间后，再由塞文给他做分析。两个人轮番为对方分析，以此来促进精神分析的交互过程，进而释放更多无意识中的投射。不过，这一试验进行了几个月后还是停止了，因为对当时的费伦齐而言，交互分析所形成的情感张力已经大大超过他的耐受能力。不过，这一治疗过程还是被费伦齐记录下来，并在他去世后，由他的学生迈克尔·巴林特以《临床日记》的形式出版。

· 拒绝精神分析 ·

弗洛伊德曾说，费伦齐已经成为许多精神分析家的老师。

但恰恰是费伦齐，在最早接触精神分析的理论时，并没有接受它，而是拒绝了。

那时候，他是一名精神科医生，第一次接触精神分析是听同事说起弗洛伊德，于是他找来弗洛伊德的经典著作《梦的解析》阅读，读后对精神分析的感想是无法理解且不科学。这样的态度对理性崇拜主义盛行的 19 世纪末 20 世纪初的学者来说，是完全可以理解的。

之后发生的情况又在意料之外，费伦齐接触了弗洛伊德当时的追随者荣格发展的词语联想测验技术，并发现了其有效性和科学性。词语联想测验是最早出现的心理学投射测验。它的操作方法是：准备一张列有许多单词的表，表上应该包括较多方面的内容，如金钱、方位、凶器、人际关系等方面的单词，测验者会读一个单词，让被试回答由此单词联想到的内容，并记下他的反应时间。如果某个单词对被试很重要，那么其反应时间就可能延长（如果使用仪器，还可以测量心跳、皮肤电等随之而起的变化）。将被试对这些单词的反应联系起来，就可以完成对其心理情结的了解。

这一测验也证明了人们无法直接接触的无意识的存在。荣格曾给一位 35 岁的正派人士做了语词联想测验，结果发现了他的一桩秘密。荣格说："对不起，我不知道你曾有过如此不愉快的经历。"被试盯着荣格说："我不知道你在说些什么。"荣格说："你知道，你曾因喝醉酒，引发了一桩以刀伤人的不愉快的纠葛。"被试说："你是怎么知道的？！"随后，他供出了整个事情的经过。他出身于一个受人尊重的家庭（这个家庭单纯而正派），并出过国。一天，他因喝醉酒与人发生争吵，用刀刺伤了对方，结果蹲了一年牢房。来到本地后，没人知道这件事，而荣格是唯一破解此事的人。

荣格发现，被试对"刀""矛""打""尖锐的""瓶"这五个单词的反应时间明显延长，大大超过平均时间。被试对"刀""矛"等词的反应时间延长，看来这件事与刀有关，被试应该使用了刀；而"尖锐的"既可涉及瓶，又可涉及刀。这里有刀、有瓶，刀用于伤人，那瓶用来干什么呢？应该是酒瓶，所以是在喝酒时伤人。打，应该是打人、打架。虽然只是几个单词，但足以把被试的内在情结体现出来。

费伦齐因发现这一测验的有效性而特地去买了一张表。从此以后，维也纳的咖啡馆就开了锅，无论是谁——画家、医学家、诗人、作家、服务生——只要被费伦齐"逮"到，都会被拉着测试一番。在这些测验中，费伦齐发现测验结果确实能显示出人类心理无意识和潜抑的客观存在，加之当时第一个将词语联想测验技术运用于研究心理疾病根源的荣格是弗洛伊德最重要的合作者，费伦齐开始重新反省自己之前对弗洛伊德所著的《梦的解析》一书的理解是否有所不足，于是他又认真重读了这本书。这一次，他心悦诚服地接受了《梦的解析》一书所解释的精神分析理念。

1908 年，他直接写信给弗洛伊德。在之后的某一天，二人相见，一见如故。此后，他们在不同的会谈和讨论中迸发的思想对精神分析的发展产生了重大影响。

如今看来，无论是弗洛伊德的理论还是费伦齐的理论，可能都不是足够完善的。不过，科学探索和临床实践的发展就是从这样的基础开始的——从不知到知，从不了解到了解。

"享受的能力在一定程度上也是接受命运的前提，接受命运代表接受可以触及的愉悦，对挫折也不带着过度的愤恨……

由此，美好和生命得以保留。"

梅兰妮·克莱因

(Melanie Klein, 1882—1960)

　　梅兰妮·克莱因是奥地利精神分析学家、儿童精神分析方面的先驱、克莱因学派的创始人。她出生于奥地利维也纳一个犹太知识分子家庭，后移居英国，并因癌症病逝于英国伦敦。克莱因的理论影响了弗洛伊德之后的精神分析发展，当代国际精神分析学会的重要理论之一就是她所发展的克莱因学派。克莱因相信，在婴儿期，个体的原始动力是偏执性，在自我的发展早期，个体是使用偏执－分裂的原始方式体验世界的，只有逐步经过适度回应后，个体才能过渡到全面体验世界的抑郁位。克莱因对弗洛伊德超我理论的理解是十分深刻的，她在对儿童的治疗中也同样使用成人精神分析的诠释方法。克莱因的著作和临床工作对当代精神分析的巨大贡献，反映了她的精神曾投入的深度。

· 在命运中的努力 ·

杰出的心理治疗专家往往会被人们理想化为人格完美的人，但事实并非如此。实际情况是，他们首先是人，然后才是心理治疗专家。因此，他们也可能存在人的种种缺点，但这并不妨碍他们成为优秀的人类心灵协助者，也不妨碍他们作为个体对自己生命的努力探索。克莱因就是这方面的典型。

在开创性的精神分析研究工作中，克莱因所发展的精神分析克莱因学派思想之影响是深远的，这一影响从弗洛伊德之后，一直持续到当代。如今，克莱因学派的思想在当代精神分析的许多实务中被运用。

出生于奥地利，后移居英国，克莱因的生活充满了不幸。据说，克莱因的出生是一个"意外"，她的父母不是很关心她。4岁时，克莱因最喜爱的大姐就去世了，她很自责，觉得自己应该对此负有责任。

克莱因的精神分析学术研究工作因为结婚和生孩子不得

不暂时中断。不久后，她的婚姻又解体了。

但不幸远没有结束。克莱因的女儿梅莉塔·施密德伯格（Melitta Schmideberg）因为痛恨母亲克莱因在她童年时期对她进行分析，后来也成为一名精神分析师，并在英国精神分析学会跟克莱因公然开战，让周围的人看戏。之后，她又出走去了美国，并拒绝与克莱因和解，甚至不肯出席克莱因的葬礼。更令人难过的是，在一次山难中，克莱因最亲近的儿子不幸去世，这使克莱因有一段时期甚至罹患抑郁障碍。

克莱因早期的精神分析学术研究在奥地利和德国没有多少认同者，也没有获得重视。虽然德国柏林的著名精神分析家卡尔·亚伯拉罕（Karl Abraham）很支持她，但不久后，亚伯拉罕也因病去世。直到英国的欧内斯特·琼斯（Ernest Jones）等人发现克莱因并邀请她到英国，才使她的思想获得认同。最终，克莱因在英国站稳了脚跟，并在英国的精神分析界获得了崇高的地位。

克莱因是一位十分不好相处的强势人物。当弗洛伊德和不少奥地利的精神分析家为逃避德国纳粹的迫害而避难到英国时，克莱因与弗洛伊德带领的传统精神分析家之间产生了强烈的学术冲突，以致形成对峙，这几乎造成了英国精神分析学会的分裂。幸好不久后，性情温和的安娜·弗洛伊德调和了这一冲突，事情才得以解决。

即使是本来与克莱因思想相近的温尼科特和约翰·鲍尔比（John Bowlby），后来也都因为克莱因的强势态度不得不与她保持交往距离，建立英国精神分析的中间学派。

克莱因学派很重视人性中存在的恶和恨，当然也没有人们想象得那么消极，她并非一味地强调恨。在强调人性中恨的同时，她的疗法也强调对恨的修通及驯服。对人性中破坏性力量的积极修通是克莱因治疗的主基调。曾有一位德国精神分析教授跟我说，正因为克莱因本人的性格和经历，才使她能够在精神分析治疗中深入人格障碍心理组织的深渊，并发现边缘型人格障碍的治疗理论。可见，心理治疗师的理论与他们的生活经历是十分相关的。

虽然克莱因由于自身的性格原因在生活、工作及与亲人的交往中显得有些失败，但这的确不妨碍她成为一名优秀的心理治疗师。在克莱因生命的最后一年，她终于超越自己内心爱与恨的冲突，与命运和解了。在克莱因撰写的一篇未发表的论文《论孤独的感受》中，她阐述了自己对生命的领悟：

享受的能力在一定程度上也是接受命运的前提，接受命运代表接受可以触及的愉悦，对挫折也不带着过度的愤恨……接受命运与耐心有关……由此，美好和生命得以保留。尽管感到羡慕和嫉妒，但如果一个小孩可以认同家族成员的愉悦和满足，他就可以在后来与其他人的关系中这样做。步入老年时，他将可以逆转早期的情境，认同年轻人的满足。但这种情况只有在对过去的愉悦有所感恩，不因为它们不再可及而带着太多愤恨时才有可能发生。

即使是著名的心理治疗师也是凡人，

也有他们所处时代的局限性。

卡伦·霍妮

（Karen Horney，1885—1952）

卡伦·霍妮是德裔美国心理学家、精神病学家、精神分析家、新弗洛伊德主义的主要代表人物，也是社会心理学的先驱。早年，霍妮与著名的德国精神分析家亚伯拉罕共同从事精神分析工作，并于 1920 年创立了德国柏林精神分析研究所。之后，由于对弗洛伊德等关于"女性阴茎羡慕""女性受虐"等男性主义的观点感到不满，霍妮撰写了不少具有创见的反对论文。1932 年，她受弗朗茨·亚历山大（Franz Alexander）的邀请前往美国，先后担任芝加哥精神分析研究所副所长、纽约精神分析研究所精神分析培训督导师。随着霍妮与弗洛伊德的正统理论之间的分歧增大，1941 年，她离开了纽约精神分析研究所。同年，她倡立精神分析促进会，并创建了美国精神分析研究所，亲任所长直至逝世。霍妮成熟的理论思想在她的著作《我们内心的冲突》和《神经症与人的成长》中有很好的阐述。

·仨女孩大战俩分析家母亲·

霍妮和克莱因是精神分析历史上两位极其重要的女性分析家，她们分别发展了精神分析的社会文化学派和克莱因学派，并在美国和英国创立了自己的学会组织。在这样两位经验老到的治疗师的治疗中，我们可以看到许多神经症患者被治愈的辉煌成绩。但这还不是全部事实，这些辉煌的成绩令我们对大师投射的一切都变成完美的理想化影像。

与今天的精神分析师或心理治疗师相比，早期的精神分析师是在探索中发展心理治疗理论的，因此并不十分了解精神分析对儿童的影响是什么，有哪些影响可能是负面的，也不了解在精神分析中严格设置人际规则的作用。所以，他们会经常尝试给自己的子女做精神分析。有些精神分析师出于对自己孩子发展的考虑——这一发展可能仅仅是想象的——会把孩子交给自己的同道做精神分析。霍妮有三个女儿，她们在童年时期就接受过精神分析，担任她们的精神分析师的是在儿童精神分析方面的先行者之一——克莱因。

这几次精神分析工作是这样展开的。当克莱因要开始分析霍妮的其中一个女儿时，却到处找不到她，最后发现她躲在分析室的大沙发底下。接着，当克莱因开始对她进行分析时，她就用双手捂住耳朵，拒绝听克莱因对她无意识的各种诠释。由于克莱因的分析往往是即时的，因此不少精神分析术语进入了这个孩子的头脑。这样分析的后果就是，邻居不得不向霍妮告状，因为精神分析中的一些关于"性"的术语，也在这样的工作过程中被霍妮的女儿学会并转化为许多粗鲁的话写得到处都是，使周围的所有成年人都无法接受。

至于克莱因对霍妮的另一个女儿进行分析所取得的"成就"，则可由多年之后这个女儿自己的回忆来证明。她说："这跟我已经存在的真实问题丝毫无关。我的父母没有和梅兰妮（克莱因）谈过，梅兰妮也没有兴趣和我的父母谈一谈……我被放在沙发上，度过那些没有意义的时光，这似乎不会造成伤害，当然也不可能有什么帮助。"

现在想来，那些场面有点闹剧的味道。不知道当时克莱因是怎么应付过来的。

我想，这种分析治疗是不怎么成功的。当然，这与当时心理治疗师对儿童心理发展和儿童心理治疗的了解不够有关。今天，估计没有心理治疗师会在自己并没有什么问题的孩子身上进行这样的尝试了。看来，即使是著名的心理治疗师也是凡人，也有他们所处时代的局限性。

"每个人都可以问问自己，你见过多少真正
有能力爱的人呢？"

艾里希·弗洛姆

（Erich Fromm，1900——1980）

艾瑞克·弗洛姆是美国精神分析家、德国法兰克福学派的重要代表、精神分析社会文化学派的集大成者。1933 年到 1974 年间，他在美国耶鲁大学、哥伦比亚大学等多所著名院校和芝加哥精神分析研究所任职。弗洛姆的著作中有尝试将西方马克思主义和精神分析结合起来进行分析的重要论述，也有关于社会人文领域的诸多讨论，如《逃避自由》《寻找自我》《爱的艺术》《在幻想锁链的彼岸》《马克思关于人的概念》《精神分析与宗教》等。在与东方文化的对话中，他曾因与日本著名禅学家铃木大拙（Suzuki Teitaro Daisetz）交往而撰写了《禅宗与精神分析》。

·弗洛姆的爱情·

66 每个人都可以问问自己，你见过多少真正有能力爱的
人呢？"

这是弗洛姆在其名著《爱的艺术》中写下的，也是他尝
试探索的。早期的弗洛姆在爱情生活中似乎并不那么成熟，
在流亡美国的初期，他与同时流亡美国的霍妮交往甚密，而
且是那种"师生恋"，因为霍妮是他的老师。但这种不成熟
的爱情最后导致了二人的决裂。作为精神分析社会人文学派
代表的二人为对抗传统精神分析学会所创立的新精神分析促
进会也因此而分裂。

和霍妮分手后，弗洛姆有了一次婚姻，但没过几年，他
的妻子便早逝了。

爱情曾让弗洛姆迷惑和痛苦，不过这些经历最后帮助他
领悟到了爱情的某些真髓。

53 岁时——在原来的妻子病故几年后——弗洛姆与安妮斯·弗里曼（Annis Freman）结婚了，这场持续了 28 年的婚姻一直维持到弗洛姆去世，著名的爱情学著作《爱的艺术》就是在这时写就的。

弗洛姆被弗里曼的形象和智慧所吸引。在弗洛姆看来，弗里曼是自信、聪慧、迷人、性感的女性，但没有世俗的野心和竞争欲。

陷入情网的弗洛姆像一个唯美主义的浪漫诗人，但他不是以歌，而是以姿态、凝视、温柔的语句来追求弗里曼。在弗洛姆 76 岁的时候，白发苍苍的他多次偕弗里曼外出讲学。当他们一起乘坐电梯时，尽管当时周围有一些朋友和学生，这两位老人还是会不避旁人地互相亲吻，宛如一对年轻的恋人。

不管遭遇了什么，我们的天性中对父母的爱
都是一直存在的，即使到生命的最后时刻。

安娜 · 弗洛伊德

（Anna Freud，1895—1982）

　　安娜·弗洛伊德是精神分析创始人弗洛伊德的小女儿、英国汉普斯特儿童研究所的创始人和所长、维也纳精神分析学会主席、《儿童精神分析研究》的主编和国际精神分析学会的名誉主席。安娜是在儿童发展和儿童心理治疗方面具有杰出贡献的学者，英国关于儿童保护方面的立法甚至也受到她的影响。同时，安娜撰写的《自我与防御机制》等著作为精神分析的自我心理学派发展奠定了坚实的基础。在对弗洛伊德的精神分析工作文献的整理中，安娜也起到了关键的作用。

· 安娜和父亲的外套 ·

安娜·弗洛伊德是著名的精神分析家，也是精神分析创始人弗洛伊德最小的女儿。

不要误以为安娜是借父亲的名声而成名的。安娜成名是因为她在心理学上的贡献，包括儿童精神分析、自我心理学、小儿科分析式观察和儿童发展评估，这些贡献使她名列20世纪100位最杰出的心理学家之一，并受到高度评价。

在弗洛伊德看来，安娜既是学者又是他的女儿，他认同安娜作为女儿的孝顺角色，并为此而感到欣慰。

当整个家庭因为第一次世界大战而经济窘困时，安娜通过超时工作来帮助家庭维持生计。而当第二次世界大战爆发时，德国纳粹因为弗洛伊德是犹太人而准备迫害他，安娜数次面对纳粹盖世太保的审讯，帮助已经年迈的父亲渡过难关，最后和父母一起逃难到英国。

安娜的良好个性受到很多接触过她的人的赞赏，即使初到英国精神分析学会，与著名的学者克莱因发生严重的学术分歧进而导致英国的精神分析学会发生内部矛盾，她还是能够建设性地站出来中和各方意见，设身处地地为彼此找到解决问题的出路。

安娜虽然终身未婚，却是一位美女，同时也是一位伟大的人类母亲。在战争时代对因各种原因失去父母的儿童进行心理治疗和养育的过程中，安娜使许多儿童重新获得了健康的人生，并促成英国政府在 1975 年制定了《儿童法》，作为保护儿童的法律条文。

尽管如此，在 1982 年安娜逝世前，我们还是在这样的学者身上看到了她凡人的一面。

在生命的最后几周，安娜因中风而进入休养院，护理推着轮椅上的她前往汉普斯特平原散心，她要求把一件旧外套放在轮椅上。这件外套曾经属于她的父亲弗洛伊德，而这样或许可以使她觉得温暖。安娜一直愿意接受自己是父亲的女儿，不管已经到了怎样的年纪。

的确，我们都是人之子，不管遭遇了什么，我们的天性中对父母的爱都是一直存在的，即使到生命的最后时刻。

长大成人后，我们有时会忽略自己是父母之子。因为成年了，所以我们会觉得如果像儿童那样认同父母好像会不好意思。但在父母的眼中，我们始终是他们深爱的子女，是小孩。如果能够理解和接受这一点，我们在与父母的相处中就能深深体验到父母之心，也能接纳父母对我们的态度，尽管这些态度有时在成年的我们看来是丢脸并可能令我们感到尴尬的。

弗洛伊德曾这么比喻安娜·弗洛伊德，以体现他对女儿的高度赞赏：

> 李尔王的女儿代表了一个男人生命过程中的三种母性的形式：母亲本身、依据母亲模式所选择的爱人，以及最后再一次接受他的大地之母。

当然，我们也不得不说，父母首先需要真正关注孩子，才能得到孩子的爱，正如作为父亲的弗洛伊德在第一次世界大战时经常超时工作，并为了家庭生计用论文来换马铃薯一样……

· 安娜的个性 ·

当年，弗洛伊德等精神分析家由于犹太人的身份而受到纳粹的迫害，于是前往英国避难。

这次避难带来了一种冲突，即弗洛伊德所领导的经典精神分析学派与克莱因所领导的克莱因学派之间的冲突。这一冲突主要是学术观点上的，是围绕他们在幻想、俄狄浦斯情结、分析技术等方面的巨大差异而引起的争论。本来由于双方所在地域的远隔，竞争还没有达到白热化的程度，但现在情况完全不同了。

克莱因在英国对精神分析学派的影响巨大，而弗洛伊德及其欧洲同事的到来缩短了两个学派之间的距离。当时，两个学派之间的竞争仿佛是将两头斗兽放到了一个角斗场内。虽然弗洛伊德到英国后不久便因病去世，但这一竞争却没有结束，甚至直接公开白热化了。在弗洛伊德之后，安娜·弗洛伊德和一些欧洲的同事继续领导着弗洛伊德的经典精神分析学派。

素以强硬态度著称的克莱因可不是一个好惹的人物，当时克莱因在英国精神分析学会已经建立了自己的权威，因此整个英国精神分析学会在第二次世界大战期间几乎面临分裂的局面。当经典精神分析学派的安娜·弗洛伊德在精神分析学会上进行演讲时，克莱因是不会进入演讲会场的。这些不同观点之间的竞争后来慢慢演变成带有人身攻击性质的讲话方式，第二次世界大战的轰炸都没能使这一"战火"减弱。

尽管面临如此强烈的竞争，安娜·弗洛伊德的个性还是使她有力量做出调解，而不是沉浸于因观点不同引起的互相憎恨中。当学术争论可能导致英国的精神分析学会彻底分裂时，安娜最后提出了英国精神分析学会著名的"绅士协定"，即以一种更成熟的方式包容彼此的精神分析理论和训练，让学习者能够同时接触这两种不同的观念，掌握各自的治疗优势。这一设身处地为彼此着想的方案最终得到了克莱因的回应。

著名的依恋理论创始人约翰·鲍尔比[1]，同时也是后来英国精神分析学会中间学派（即非经典精神分析学派或克莱因学派的第三学派）的重要人物。虽然他的观点与安娜的也存在区别，但他在回忆录中表达了对安娜个性的赞赏："我们的会议气氛一直极其友善，而且人们着迷于她那温和、有活力与思虑清澈的特质。然而，在她的个性中，让我尤其印象深刻的是，她的谦虚和对他人的尊重，这些特质有时是明显与其他同事（克莱因）相反的。"

---

[1] 约翰·鲍尔比（1907—1990）是英国精神病学家、心理学家、精神分析师。早年，鲍尔比曾接受精神分析客体关系理论的训练，之后将重点转向儿童发展心理学的研究，并借助他对亲子依恋丧失等的观察工作建立起精神分析和性格类型学之间的重要联系。鲍尔比将精神分析、认知心理学和进化生物学等学科有机地统合在一起，纠正了弗洛伊德和克莱因的精神分析理论对童年经历的过分强调和对真正创伤的忽视，并发展出著名的依恋理论。——作者注

每个人都拥有多种人格面向。

威廉·罗纳德·多兹·费尔贝恩

（William Ronald Dodds Fairbairn，1889——1964）

威廉·罗纳德·多兹·费尔贝恩是英国著名精神分析家、客体关系理论最重要的奠基人之一、英国精神分析中间学派的理论建构者。他转变了精神分析学派驱力的视角，试图从关系的角度理解人类心理问题的本质。这一转向促进了至今还在影响精神分析的客体关系理论的产生。

费尔贝恩在远离英国精神分析中心的伦敦爱丁堡地区独立开展他的精神分析临床和研究工作，虽然他没有接受完整的精神分析训练，但由于在理论上的巨大贡献，他被英国精神分析协会授予精神分析家资格。

·会关怀人的费尔贝恩·

沃特斯（Waters）是费尔贝恩的一位朋友，他曾回忆起和费尔贝恩的一段往事。

在伦敦工作时，沃特斯很欣赏费尔贝恩对客体关系理论的建构。于是，他专门去爱丁堡看望一位认识费尔贝恩的朋友，并请这位朋友安排他与费尔贝恩会面。

但很不幸，第二天早上起来，沃特斯就发现自己生病了，无法前去赴约。这让沃特斯十分焦虑，一方面是因为他身在异地突然生病，没人照料；另一方面是因为他好不容易能与费尔贝恩会面，但不得不失约。

第二天，费尔贝恩居然来到沃特斯住宿的旅馆，并给他带来药品和问候。这让沃特斯很意外。

接下来发生的事就更令人感动了。从这天起，费尔贝恩就时常进出沃特斯所住的旅馆，确保他得到了所有他需要的药品，并得到了良好的照料。这对"粉丝"沃特斯来说绝对是感动至极的事情。

费尔贝恩的同事回忆说，很少有人能如此富有责任心地对待和关怀他人。

费尔贝恩临终时，他的妻子说他的一个儿子有充裕的时间把一些工作做得超过费尔贝恩。费尔贝恩立即恢复了往日的神采，微笑着对旁边的朋友说："的确，他有充裕的时间——不像我现在。"

费尔贝恩的这些举动或许来自他的本性，或许也有一部分来自他的卡尔文教清教徒的身份。据说，他最早从事心理学和精神分析工作，是因为他觉得心理治疗或许能比宗教更好地帮助那些感到困惑的人。而在此之前，他曾试图成为一位哲学家和神学家。第一次世界大战期间，当他发现人类在战争中遗留的创伤后应激障碍的痛苦时，他便放弃了成为哲学家和神学家的理想，转而投入了心理治疗工作。

· 因小便困难想要自杀 ·

有一种由小便困难引发焦虑的神经症，就是在小便时，如果有人在旁边就会感到紧张，或者担心有人干扰自己小便等，导致小便无法顺利进行，于是只能离开，等放松下来后再来小便。这样一次小便往往因为需要花很长时间而令人烦恼。这种情况多发生在男性身上。我曾经疗愈过好几位这样的来访者。他们因小便问题而焦虑，他们的生活也完全被小便问题占据了。

费尔贝恩的父亲就有这样的焦虑，并被这种症状困扰了一生。费尔贝恩本人在整个生命过程中也一直被这种症状所困扰。尽管他一生治愈了许多有心理困扰的来访者，给许多人做了精神分析，但他并没有为自己解除这种症状带来的困扰。1934 年，费尔贝恩的这一情况因为生活陷入低谷而变得愈加严重。在他人在场的情况下，他越来越无法小便。只有等待他人离开，同时保证没有新的人出现在旁边时，他才能顺畅小便。这种焦虑严重影响了费尔贝恩的生活和工作，往往一次小便就要让他费尽心思。在最严重的时候，这种痛苦的局面让费尔贝恩有了自杀的想法。后来，经过反复的搏斗和挣扎，费尔贝恩的症状有所减轻，他也放弃了轻生的想法，但这种症状最终也没能被治愈，总是时轻时重地跟随着他。

我们很难想象，像费尔贝恩这样一个会关心他人的人、一位著名的精神分析家，居然还会被这样的症状严重困扰。但反过来想，这也是正常的。毕竟每个人都是凡人，都拥有多种人格面向。虽然费尔贝恩在生活的某些方面是努力且有爱心的，但在另一些方面却是压抑的。不过，从另一个角度来看，这些由压抑引起的痛苦（如小便焦虑）也让他能够更好地共情他人的痛苦。

　　费尔贝恩的学生冈特里普在回忆费尔贝恩的精神分析工作时谈及，费尔贝恩的理论虽然是创新性的，但他在精神分析工作中的做法一点也不比弗洛伊德的工作方式温暖，有时反而更冷淡。费尔贝恩在给来访者做精神分析时，往往会隔着一张办公桌进行，而且比较沉默，虽然他的确也有不乏温情的地方。

"不安常在，不住其心，

顺其自然，为所当为。"

森田正马

（ Shoma Morita, 1874—1938 ）

森田正马是日本精神科医生、森田疗法创始人、日本《神经质》杂志创刊人、森田疗法研究会创始人。森田疗法的产生与森田本人的经历有关，森田疗法是他多年探索、钻研的结果。森田自幼为神经质体质，年轻时深受神经质症状的困扰。从事精神卫生工作后，他搜集了大量国内外的文献资料，获得了痊愈的体悟，后又经过临床检验和发展，形成了森田疗法。森田疗法的核心思想就是顺应自然，为所当为。这一思想吸收了佛教哲学的某些宗旨，也反映了东方文化的某些特点。

森田正马 /（Shoma Morita，1874—1938）

· 豁出去了，森田正马 ·

只有在东方崇尚与自然和谐共处的文化中才可能产生森田疗法，它之所以在东方文化中产生也可能有它的宿命。

森田小时候体弱多病，而且有不少神经症的反应，如心区疼痛、腰痛、惊恐发作等。虽然他一直在接受各种治疗——正规的或民间非正规的疗法，但都收效甚微。

25 岁时，森田正马考入日本东京帝国大学医学院，不久后便又因身体不佳到该大学的附属医院看病，并被诊断患有神经衰弱和脚气，需要在年假前回家休养并持续服药。对此，他感到非常苦恼，因为如果不参加假前考试，将来他只能补考。这可真够倒霉的。

亲友们劝他最好参加考试。可是父亲已经有几个月没寄学费来了。对此，森田感到愤慨，并以此为由断然放弃了服药治疗的期望。他心想："大不了不就是一死吗？即使难受个半死也要参加考试。"于是，他放下对神经紧张反应的执着和对治疗的期望，转身投入对当前考试的准备中。

后来，令人感到意外的是，森田的脚气和神经衰弱并没有恶化，而且他的考试成绩平均分为78.3分，在119人中排第25位。

森田回忆道："我在太多关注死的体验下参加了这次考试。"那次考试是一个转机，在那之后，他的头痛居然自行消失，神经症也有所好转了。

"不安常在，不住其心，顺其自然，为所当为"是森田疗法的精髓所在。后来，森田将这个原则运用到临床治疗中。

神经症患者越想消除所有的症状，越想逃避苦恼，就越适得其反。"越是在这上面下功夫，就越会使自己的内心冲突加剧，苦恼的程度加深。"在森田看来，要想治疗神经症，不仅不能抗拒症状，还应该全盘接受，承认现实，服从现实，顺应自然，听任痛苦的存在和发展，当"任其痛苦而不苦"时，患者自然就解脱了。

· 森田正马与其妻 ·

1935年10月21日，森田正马的妻子久亥半夜被他的咳嗽声惊醒，这已经是多年以来经常发生的事了。森田患有肺结核，当时对这类疾病还没有特别好的药物治疗，所以病根就一直这么留着。久亥醒来后，如果发现森田咳得不是很厉害了，就会继续睡去；如果发现森田咳得很剧烈，就会抚拍他的背，帮助他平喘。这几天，久亥发现森田咳得很厉害，于是赶紧给他轻轻按摩背部，但没过多久，久亥自己反倒昏迷过去，不久便离开了人世。

虽然久亥与森田青梅竹马，但在年轻的时候，由于他们的婚姻是被家族包办的，因此个性倔强的森田在结婚后曾几次有离婚的打算。森田的家庭本来没打算供他读书深造，因此提供给他的学费很有限，有时甚至不提供学费。但森田在学业和自身发展方面一直有自己的理想，这使他甚至想以成为他人的养子来换取学费。他的家族在不得已之下同意为他提供大学学费，但条件是他必须和家族里的久亥表妹结婚。这样成就的一桩婚姻包含了要挟的成分，导致主人公森田感到很不爽。由于久亥家庭贫困，没有接受过太好的教育，因此双方受教育的程度差异很大。另外，由于其他事件的干扰，他们在年轻时也经常吵架、拌嘴。森田会给久亥布置很多功课，如茶道、插花、俳句、书法、英语、文学……这对森田来说显然能满足虚荣心，但给久亥的压力却不小。森田也曾回忆自己是出于虚荣心，才安排久亥去学习的。

久亥经常以幽默的方式鼓励森田，当森田记忆力不佳时，她会说"你善于抓住事物的本质，判断力强"；当森田学习成绩不好时，她会安慰他"都是因为你课外书看得太多，兴趣太广泛"；当森田在考试前不久还在练舞蹈时，她会称赞他"不拘泥于区区小事，善于调剂心情"。

久亥作为森田疗法创始人的妻子和森田疗法治疗的直接参与者，对森田疗法的创立自然也多有贡献。森田在自己的著作中写道，由于森田疗法是一种家庭疗法，因此久亥对他的帮助特别大。"她既是我治疗上的帮手，又是护士长。现在，虽说我的助手和研究生为数众多，人手齐全，但在创业初期，妻子的作用是相当大的。"随着日子一天天过去，久亥用日本妻子式的贤惠获得了森田的认可，二人在后来的生活中逐渐磨合，成为彼此生命中不可或缺的一部分。

"在患者开始觉得自己是安全的那一瞬间，
她仿佛找到了生命，

她发现自己开始活了起来——被生出来，活
生生的。"

赫伯特·罗森费尔德

（ Herbert Rosenfeld, 1910—1986 ）

赫伯特·罗森费尔德是德裔英国精神科医生、精神分析家。早年，他为逃离纳粹的迫害从德国迁移到英国伦敦，并在那里接受心理治疗训练。由于对精神病患者的治疗感兴趣，罗森费尔德参加了精神分析克莱因学派理论的训练，并接受了克莱因的训练分析。在临床上，罗森费尔德尝试以克莱因的理论观点对精神病患者进行谈话治疗，从而对人类心理能在反常的原始过程中被理解方面做出了创新性贡献。罗森费尔德承认精神病患者具有器质性困扰，但他也发现，对精神病患者如何进行思考和认识世界做出准确的共情性理解，可以减轻患者的精神障碍症状，甚至产生良好的心理治疗作用。作为在英国和其他国家都备受欢迎且具有献身精神的精神分析家和督导师，罗森费尔德在第二次世界大战后对德国本土的精神分析文化的修复也做出了巨大贡献。

· 罗森费尔德的痛苦 ·

罗 森费尔德是精神分析克莱因学派的代表人物之一，也是开创性地使用谈话疗法疗愈精神病患者的精神分析师。

1936 年，罗森费尔德为了逃离纳粹的迫害从德国抵达英国伦敦。当时，他在英国著名的塔维斯托克诊所接受精神分析取向的心理治疗训练。那时的精神病院，除了对精神病患者做一些生物性的处理外，别的什么都做不了。罗森费尔德回忆，当时触发他开始运用谈话疗法对精神病患者进行治疗的动机主要来自他自己治疗中的一个个案。

在塔维斯托克诊所，一位患者被医院诊断为强迫症。当时，罗森费尔德对他进行了尝试性的谈话治疗。在治疗中，患者与罗森费尔德形成了很好的情感联结，而且愿意沟通和接受治疗。这位患者对癌症研究很有兴趣，同时也对死亡实验感到好奇。这位患者在治疗中谈起自己曾在家里测算过，在多少时间内，煤气的溢出量会导致一个人丧失意识。然后，他打开煤气开关，等待那个极限时间的到来，一直到煤气的溢出量快达到致命的程度之前才关闭煤气开关，以防止自己真的丧失意识。在塔维斯托克诊所的案例讨论会上，罗森费尔德将这些情况进行了汇报，当时高年级的受训者被吓坏了，认为这实际上是精神分裂症的表现，罗森费尔德应该立即停止治疗，并推荐患者到精神科去接受治疗，以避免自己的风险。

于是，罗森费尔德听从了劝告，因为当时的他也不确定自己是否能帮助患者，或者患者是否会再次尝试那么危险的煤气实验，所以他不得不停止谈话治疗。但是，罗森费尔德在多年后回忆道："这对我和患者而言都是非常痛苦的经验。"当时，罗森费尔德违心地说服患者去医院的精神科接受药物治疗，并且中断了与患者的谈话治疗关系。患者最后也痛苦地答应了。

在这位患者住院接受治疗一段时间后，他给罗森费尔德写了一封信，并告诉罗森费尔德，他并没有被治疗得更好，而是觉得被抛弃了。这位患者最后离开了医院，再也没有回来接受任何治疗。后来，罗森费尔德反省道，显然当时的自己对病态心理的知识非常贫乏，能够提供的帮助也很有限，自己的行为其实是让患者失望了。

罗森费尔德在自己晚年的著作《僵局与诠释》中曾经表达过这样的想法，从此刻开始，他下定决心，将来如果再遇到一位精神分裂症患者，无论如何都要尽心去治疗，而且要尽可能地坚持到底。

在之后的临床实践中，罗森费尔德发现，对患者如何思考和认识世界的准确共情和理解常常能减轻患者的症状，由此他对精神病患者做出了新的理解，并对理解人类心灵的反常过程做出了创新性的贡献。因为他，治疗师可以以更开放的态度面对直接的经验，这对于理解患者的真正问题是非常重要的。

马克斯·韦伯（Max Weber）曾说"专家没有灵魂……"。但这对罗森费尔德来说并不恰当，因为他有一颗能感受人性的灵魂。

罗森费尔德在后来的精神分析临床实践中治愈了不少患者。他曾描述一位患者开始好转时的情况："在患者开始觉得自己是安全的那一瞬间，她仿佛找到了生命，她发现自己开始活了起来——被生出来，活生生的。"

"如果一个人能够恢复游戏的能力，

他的心理疾病就开始走向痊愈了。"

唐纳德·**W**.温尼科特

（ Donald W. Winnicott， 1896—1971 ）

　　唐纳德·W. 温尼科特是英国儿科医生、精神分析师。早年，温尼科特作为一名儿科医生接受了精神分析训练，之后他将多年的治疗经验和观点带到精神分析中。起初，温尼科特接受的是克莱因的训练，因此克莱因的思想对他产生了深刻的影响。后来，温尼科特逐渐发展了自己关于婴儿和儿童发展的理论，因此更重视环境对婴儿和儿童心理发展的影响。温尼科特是英国精神分析学会中经典精神分析学派和克莱因学派竞争过程中的"第三者"——中间学派的代表人物之一，他发明了许多富有创意的心理学词汇和概念，如过渡性客体、过渡性空间、抱持性环境、足够好的母亲、真自体和假自体等。

唐纳德·W.温尼科特 /（Donald W. Winnicott, 1896—1971）

·倾听·

温尼科特是全球著名的精神分析家和儿科专家，也是研究客体关系理论的学者之一，他发明了儿童心理治疗中的涂鸦技术。

看到温尼科特在对儿童进行治疗的照片中入迷的眼神，就知道他和儿童建立了多么深度的人性联结。

成名后，温尼科特和一些学生分享了一段往事。当他早年在伦敦圣巴李洛缪医院学习时，他的老师霍德（Horder）向他传授了心理治疗的第一步："倾听你的患者说些什么。别一进病房就要把满腹知识全用出来。静静聆听，他们会告诉你许多事。只要倾听，你就会获益良多。"

虽然那时的温尼科特还不是精神分析家，也还没开始心理治疗工作．但这显然影响和启蒙了他之后的工作态度和风格。

霍德说倾听是治疗开始的第一步，这的确十分重要，无论是在心理咨询、内科、儿科、皮肤科等临床治疗中，还是在与家庭、配偶、朋友等的人际交往中，倾听都是很关键的。

为什么首先要倾听呢?

原因很简单。我们只有了解，才能判断。而当一个人发现自己真正被人倾听，并且有人真正愿意理解他时，疗愈才会发生。

·"愿我死时是生机勃勃的"·

在伦敦的一条路上，一个老头正骑着自行车超速飞驰，由于车速很快，这个老头引起了路边一位警察的注意。于是，警察拦下了这个老头，对他进行了教育，并说他这样一把年纪不应该骑得如此快，给大家做坏榜样。

这个老头就是精神分析家中最喜欢玩的温尼科特。温尼科特还喜欢阅读和运动，热爱聚会，并经常拿着大斧子去砍树锻炼。据说，他甚至喜欢躺在草地上打滚。想象一下，一个一把年纪的老头在草地上打滚，的确是一件夸张的事情。

"愿我死时是生机勃勃的。"

这是来自英国诗人艾略特（Eliot）的诗句，也是精神分析家温尼科特人生的写照。

温尼科特的妻子克莱尔·布里顿（Clare Britton）在评价他的自传时说："他希望活出生命。"

温尼科特曾说，如果一个人能够恢复游戏的能力，他的心理疾病就开始走向痊愈了。

在儿童时期，我们往往会更自由和忘我地玩，这时候，我们更接近无拘束的本性。但随着年龄的增长，这些天真的部分越来越被社会要求的形式所束缚。当然，社会要求的这些形式并不是错误的，只要合理，就都是我们所需要适应的。不过问题在于，我们不知道哪些部分才是真正需要防御的。有时，我们会因为某种原因回避和压抑自己天真的感受，于是心理困扰就慢慢形成了。当我们开始能重新投入真正的游戏时，那些被压抑的本性才有可能复苏，而治愈的快乐也才会到来。

温尼科特是当时政府的顾问，同时也有自己的心理治疗执业工作，还经常在广播电台做一些儿童教育发展的节目。尽管事务如此繁忙，他还是一有机会便抽出时间来"游戏人生"。他经常在治疗患者的空隙，跑到楼上去弹几首钢琴曲。游戏或许就是他人生的一部分。

1971年，当温尼科特的生命将尽之时，他常听贝多芬的四重奏。他热爱巴赫，但也喜欢披头士，并且购买了他们所有的唱片。

在生命的最后那晚，温尼科特甚至先看了一部喜剧片，然后和妻子讨论了另一部谈论老式汽车的电影。之后，他在睡眠中离开了人世。

温尼科特的一名学生曾经回忆道："哦！温尼科特就是温尼科特。"

"我并不希望你刻意地记录或记忆我所说的每一句话。

但是，如果有一天，在某次分析中出现的场景让这些话不经意间出现你的脑海里，并且如果这种梦一般的飘然而至的记忆能够帮助你说一些对患者有用的话，那我就会感到十分高兴。"

威尔弗雷德·比昂

（Wilfred Bion，1897——1974）

　　威尔弗雷德·比昂是英国精神科医生、精神分析师、团体心理治疗专家和早期开拓者，曾任英国精神分析学会主席。比昂早年在印度生活，这构成了他人格和思想中的一种深邃气质。他在第一次世界大战期间因为英勇作战成为国家英雄。之后，他接受训练，成为医生，并接受克莱因学派的分析训练。第二次世界大战期间，身为军队精神病医生的比昂尝试运用精神分析性质的团体心理疗法对深受心理困扰的士兵进行康复性治疗，并获得了良好的治疗效果。第二次世界大战后，他继续对精神病患者进行治疗，并对人类正常个体和精神病个体的原始精神过程有了创新性的发现。比昂对发展治疗性容器、投射性认同和反移情的研究，是对克莱因学派理论的重要补充，它使人们能够更好地了解环境是如何与个体的人格和内部幻想相互影响的。比昂晚年生活在美国加利福尼亚州，他发展了精神分析的遐想理论和实践，其后辈发展了当代精神分析潮流之一的后比昂学派。

·战斗英雄比昂·

他被深深刺痛着，不想对这位有点怪异且信命的爱尔兰人说什么。他怀疑，与子弹比起来，他怀中将死的战友可能更相信那只喜鹊才是自己死亡的原因。这位战友被一发子弹射中腹部，他在临死前说："……我知道……当血腥的……喜鹊……在这个早晨到来的时候，我的气数将尽。"

　　他开着坦克与自己的战友一起进攻被德军占领的法国某个地区。坦克需要穿过由带刺铁丝构成的路障，而路障周边有 6 米高、10 米深的防御坑道。由于战场子弹横飞，因此他们不能伸出头去观察坦克的行进路线，只能"闭眼"穿越这一危险的路障向敌人进攻，并靠罗盘确定方向。而操控罗盘的位置，是坦克最易遭到子弹攻击的位置。他没有意识到自己已经被击中，过了片刻，他才发现有很多血在往外流。当战友提醒他时，他只说那是一点皮肉伤。接着，坦克完全瘫痪了，坦克里的汽油和大量弹药也随时有爆炸的危险。于是，他和战友们从坦克里跳出来，占领了一个敌人的战壕。但同时，他们遭到了来自上方的德军的火力压制。他跳起来向敌人开火，迫使德国士兵撤离了那个阵地。

他因此而被推荐授予胜利勋章。但他不认为自己该获得这样的荣誉，因为他那些战友的功绩和他的一样。当将军找他讨论是否想接受嘉奖时，他说："是的，非常想……但实际上那不是我的，先生。"

这就是英国绅士比昂——克莱因学派的继承者及创新者、英国精神分析学会前主席。

比昂是充满勇气且善于思索的，他不贪求荣誉或地位，似乎也不能理解对这些东西孜孜以求的人。他只知道荣誉给一个人带来的负担。

多年以后，成为英国精神分析学会主席的比昂却跑到美国加利福尼亚州。他去往那里的动机之一就是逃避荣誉带给他的压力，这样他就能有时间继续思考和写作。

对此，他解释道："我能理解，为什么维多利亚十字勋章实际上是一份死亡判决书。我能理解，为什么人们说勋章的获得者要么靠在英格兰吃软饭毁掉自己，要么在随后为维持赢得的荣誉所做的努力中毁掉自己。"

他还阐述了对精神分析和心理治疗工作认真的人生态度，我想这就是他的自律吧！

"马虎地对待一项工作并且一知半解是很糟糕的，那只不过是对无知的一种简单掩饰。这样做很容易，但可怕的习惯也就形成了，因为这样投机取巧之后，你会继续自我欺骗，即便不需要投机取巧时，你也会继续这样做。不要错误地认为，想做好一件有价值的事情会很容易。不幸的是，那些愚蠢的人都想投机取巧，因而也不会有什么价值。"

· 二次真正的创伤 ·

比昂在第二次世界大战时遇到了他的第一任妻子贝蒂·嘉丁（Betty Jardine）。贝蒂美丽动人，是当时英国著名的电影明星，也是著名的喜剧演员。所有人都觉得他们很般配，他们俩也是一见钟情，并于 1943 年步入了婚姻的殿堂。此后，幸福的故事便按照常人预期的方式开始了。1945 年，比昂获知妻子怀孕后十分高兴，并对孩子的到来翘首以盼。但与此同时，比昂因为战事不得不再次回到战区治疗士兵的情绪障碍。1945 年 2 月 28 日，贝蒂生下了一个女儿，比昂当时正在法国诺曼底继续他的战地治疗工作，虽然无法回家，但他的内心仍然充满喜悦。

9 天后，比昂接到来自部队的电话，对方说："你的宝宝十分虚弱，能听到吗？"比昂回答道："能听到，你嗓门这么大，我又不是聋子。"

对方继续说道："贝蒂上个星期去世了。"

比昂回应道："非常感谢你。不，不，没关系的。我能搞定。"

比昂的第一任妻子贝蒂因为产后感冒，在生育后的第三天死于肺炎。就熟悉他的朋友来看，当时的他虽然表现得很正常，但显然是为了抵挡内心痛苦的涌来而隔离了情绪。

当他从战区再次回到伦敦的家时，只有一个尚在襁褓中的婴儿和空空的房间等待着他。

不幸的是，命运再次打击了他。

比昂的女儿后来也成为精神分析家，结婚后搬到意大利生活，晚年的比昂每年都会去意大利看望女儿，享受天伦之乐。

但天不遂人愿。意大利传来信息，他的女儿在风华正茂、事业顺利时，因意外而不幸去世。这是命运对比昂的第二次打击[1]。

精神分析无法让我们躲避人类的苦难，这一点对精神分析家来说也是如此。

---

[1] 比昂女儿实际的车祸逝世时间应为 1998 年 7 月（他的外孙女也在这场车祸中丧生）。但在本文中，她是先于比昂逝世。这属于时间上的颠倒错误。除了现实中听到的错误，这个错误也是很有无意识意义的。反思这个错误，或许比昂早期的创伤及第一任妻子的早逝，渲染了传说中与比昂相关的三代女性先他而去的叙事。创伤在体验中是没有时间性的，而比昂的母亲冷漠的分离一直是阿尼玛女性原型中母性断裂的象征。比昂在去世前想回到印度旅行，或许这在无意识里是他想重新对接自己的阿尼玛女性特质所做的尝试。——作者注

·我们都有资格具备和他人不一样的方式·

一位精神分析师曾到比昂那里接受督导（所谓督导，通俗的意思就是治疗师通过与同事或导师讨论心理治疗个案的临床实践历程，来保证整个精神分析的正确进程并提高业务能力的方式）。

这位精神分析师遇到一位心理问题非常严重的患者。患者经常会在半夜醒来，把床头灯打开，看看自己是否还睡在床上。这使这位精神分析师十分担忧，因为他预先做了许多假设。

当比昂听到这一事件后，他摸着自己的小胡子，眼睛闪闪发光："嗯，好！其实我们都有资格具备和他人不一样的方式。"比昂的意思是，这位精神分析师不能单纯地害怕或制止患者的这一古怪行为，而是要接纳这一行为，并理解这一行为对患者意味着什么。

在比昂看来，一如容器般包容他人并非只是他在治疗过程中的姿态，也是他在生活中的姿态。比昂的这些温和的特性经常在他写给自己孩子的一些优美的信件中体现出来，这些信件上还有他亲自绘制的插画。

在一份信件中，他与孩子分享了自己的生活：

我在哈利大街的一个房间里，这里有一扇小窗，我总是让它开着，以便让新鲜的空气进来。但是现在，一只鸽子已经在那里建了一个巢穴，并且下了好几个蛋了。那只鸽子正准备把蛋孵化成许多小鸽子。我不知道等小鸽子降生后，鸽子妈妈会怎样给小鸽子觅食。我希望那些将要降生的小鸽子别太吵闹，如果太吵闹的话，我的患者可能会不喜欢。

· 飘然而至的记忆 ·

1978 年，一位精神分析师预约到了比昂的时间，前来接受比昂的督导并向比昂请教自己在精神分析实践中遇到的问题。这样的机会自然是难得的。这位精神分析师觉得比昂说的每一句话都是真知灼见，这对他来说十分珍贵。但真知灼见实在多了点，这位精神分析师当场就有点"消化不良"了。

因为害怕忘记比昂说的这些话，他拿出记笔记的小本子，并对比昂说道："我觉得你说的每句话都那么珍贵，所以我害怕自己不能把这些话一一记在心里，请原谅我用笔记本把这些话都记录下来。"

比昂回答道："我并不希望你刻意地记录或记忆我所说的每一句话。但是，如果有一天，在某次分析中出现的场景让这些话不经意间出现你的脑海里，并且如果这种梦一般的飘然而至的记忆能够帮助你说一些对患者有用的话，那我就会感到十分高兴。"

　　在这个故事里，比昂一针见血地指出了精神分析和心理治疗的关键之处。精神分析师等以谈话治疗为业的专业人士不可能通过刻意模仿、记忆前辈的话来进行精神分析工作。在精神分析中，除非我们放弃那些由焦虑引起的造作的回忆和模仿，否则我们无法真心地投入对另一个人的理解中。或许，我们需要用灵魂去感受彼此对话中的"体会之触及"，然后我们才会掌握，乃至精通……这才是活出来的精神分析。

"只有经由共情尝试了解和参与我们精神生活的人性环境，才能保证我们心理的存活和成长。"

海因茨·科胡特

（Heinz Kohut，1914—1981）

　　海因茨·科胡特是对人类自恋研究有卓越贡献的精神分析家。他毕业于维也纳医学院，并曾接受早期精神分析家奥古斯特·艾宏恩（August Aichhorn）的精神分析治疗。后来，他为了躲避德国纳粹的迫害而逃往英国和美国生活。科胡特在美国芝加哥大学成为神经医学教授、精神分析师、精神分析训练督导师，随后被推选为美国精神分析学会主席、世界精神分析学会副主席、奥地利弗洛伊德文献馆副馆长。他强调精神分析的本质是共情－内省，强调从来访者的主观体验去理解来访者。在事业即将抵达巅峰之际，科胡特凭借对自恋症候群的临床治疗和研究而发展出了关于自体心理学的假设。不幸的是，他在那段时间患上了淋巴癌，并被当时的芝加哥精神分析中心取消了培训分析家资格。但是，这一切并没有打垮他。在生命的最后几年里，科胡特创作了多部杰出的精神分析作品，并继续主持芝加哥小组的临床治疗研究。

·理想·

19³⁸年6月4日，在缓缓驶离维也纳的火车上，弗洛伊德最后望向他的祖国——已被纳粹德国入侵的奥地利。这时，弗洛伊德注意到，在维也纳火车站的月台上，一位年轻人正在向他注目挥手，他想，这或许是一位精神分析的爱好者，于是他也摘下自己的礼帽向这位年轻人作最后的挥别致意。这位年轻人就是后来精神分析学派自恋研究的大成者——科胡特。

多年后，已是中年的科胡特还多次向他的学生讲起这一幕。似乎对他而言，与弗洛伊德的那次简单的互动是一种精神分析职业理想的启动，具有某种薪火相传之意。弗洛伊德这一理想人物对他的致意影响了他对自我理想的建构（即使不是全部，至少也有部分影响）。这一幕也在之后为他提供了在精神分析领域探索的巨大动力。我们在科胡特的理论中也可以看到这种影响。

科胡特是一位感性的精神分析家，同时也是"发烧友"级的音乐和历史爱好者。步入老年时，他曾经感叹如果能生活在古希腊时代，那将是多么美好的事情。

科胡特在去世前曾与一位专业作家谈起人生的核心信念，他举了一位叫苏菲·朔尔（Sophie Scholl）的欧洲女烈士来说明他的理念。科胡特将其称为"nuclear self"。

第二次世界大战期间，苏菲·朔尔为了反抗德国纳粹的暴政而参加了反纳粹的地下活动，之后被捕并被判了死刑。行刑的那天早晨，朔尔从梦中醒来，向牢房的狱友讲述了自己做的一个梦。"在梦里，"她说，"那是一个晴天。我带着一个小孩，穿着一件白色的受洗长袍前往一座教堂。突然，有座陡峭的山峰阻止了去路，于是我把孩子紧紧地抱住并试图翻越山脊。但这时，山上出现一道裂缝，下面深不见底。我只有足够的时间把孩子放到对岸去，而我自己却跌下去了。"这是朔尔生命中的最后一个梦。

后来，因为科胡特对一些新观点的探索，精神分析杂志拒绝刊登引用他观点的论文，芝加哥精神分析中心里不少他过去的"朋友"也不再理睬他。但他并没有就此停止探索。

在给一位友好同事的私人信件中，科胡特写道："尽管根据某些精神分析家的说法，我的观点是一种异端邪说，但我依旧是一心奉献的精神分析家，并且我深信我的研究处在科学的主流之中。"科胡特为真理而努力的献身精神清晰可见，因为这时候的他已经被诊断为癌症晚期了。

· 放下自我 ·

心理治疗经常会因为某位特殊的患者，导致巨大的变革发生。例如，安娜·欧的病例导致了精神分析的产生。而自体心理学的起源也与一位患者有关。

科胡特在其精神分析治疗执业的早期阶段，曾遇见一位女患者。一开始，科胡特按照传统精神分析的方式诠释这位患者的恋父情结，但遭到了患者严重的抵抗和反对。当然，这种抵抗和反对起初被认为是患者的阻抗，这对当时已经身为芝加哥精神分析学院训练分析家和督导师的科胡特来说是很平常的。之后，患者因自己的阻抗被继续诠释而变得更加愤怒，这在许多精神分析家看来是该患者可能有攻击的力量需要释放，或者是为了避免体验痛苦的情结而产生的行为，又或者该患者是不可分析的。

但是，科胡特在经历了这样的事件后，并没有刻板地按照传统精神分析的方式继续诠释和面质患者的愤怒。他在认真地思考了患者的各种反应后，决定尝试将自己十多年训练的理念全部放下，不再去猜测和诠释什么，而是作为一个人去听听患者到底想表达什么，了解患者为何如此愤怒。据科胡特后来的自述，他发现患者在童年时期经历了无法获得共情的生活，患者的这些情结被分析家理性且不具共情性的诠释激活，于是患者开始无意识地愤怒。当科胡特能从这个角度去理解患者时，治愈性的转变就开始发生了。

当科胡特准备放下自己十多年所学和作为精神科医生、精神分析家的自我时，他开始听到患者在讲什么了。

我曾在一些案例督导工作中发现一些心理咨询师对来访者或患者的治疗是停留在自己对某一疗法的偏好上的。让我印象最深刻的是，有一次，我在案例督导中督导了一位咨询师的案例，那位咨询师采用自己认同的方法去探索来访者的家庭、父母和童年生活，试图得到一些心理动力学的理解，但他没有注意到来访者希望表达的痛苦是什么，来访者真正需要的又是什么。督导团体给出了一些觉察性的启示和指导。两周后，我在一家咨询机构接诊了一个病例。在倾听之下，我意外发现这居然就是之前我督导过的那个病例。来访者直接和我说，那位咨询师好是好，但她觉得没有帮助，那位咨询师每次都围绕家庭问东问西，而对她所经历的困扰和痛苦似乎并不关心。几周后，来访者就觉得无法再忍受下去了。在之后的治疗中，我不再继续探讨来访者的父母和童年，而是尝试放下自我去理解来访者的症状，结果通过两次咨询就消除了来访者的痛苦。

·被诽谤·

科胡特曾接手一位严重的人格障碍患者。在早期治疗的"蜜月阶段"，一切都还好，但当治疗进入关键期时，这位患者就将过去令自己反感的家庭成员的影像无意识地投射到了科胡特身上。虽然科胡特在每一步的治疗处理上都十分适当，但这位患者由于无法承受自己内心冲突的力量，跑到各种心理治疗的专业场合说科胡特的坏话。

直到有一天，科胡特的一位同事告诉他，最近有这样一位患者在背后说他的坏话，科胡特这才知道居然发生了这种事。但是，科胡特有能力看清楚患者心理发展和治疗发展的过程，因此能够不动声色地继续认真关注和包容这位患者，共情性地理解他的内心痛苦。虽然这位患者几近诽谤的行为持续了好几年，但科胡特还是坚持住了。最后，这位患者的人格障碍在治疗过程中慢慢地被修复了。

科胡特认为，只有经由共情尝试了解和参与我们精神生活的人性环境，才能保证我们心理的存活和成长。这也是他一生所执守的理念。

在此之后，科胡特的命运依旧不幸。当科胡特正处于理论开创期时，他被诊断患上了恶性淋巴癌。在接受了各种治疗后，癌细胞还是扩散了。即便如此，科胡特在之后的临床治疗和实际的人际相处中，依然秉持这一理念继续生活着。

·科胡特的过世·

在科胡特逝世前两天，他受邀参加美国加利福尼亚大学伯克利分校的自体心理学大会，并在大会上宣读了他的论文《论共情》。在这次演讲前，他的癌症已发展到晚期，所以他不得不坐着救护车来到会议现场，用几倍的镇痛药才能让自己支持下来。就在这次演讲的前后，发生了一个动人的故事。

当科胡特走上会场的演讲台时，沃尔夫（Wolf）和奥恩斯坦（Ornstein）——科胡特的两位重要的同事——站起身来跟科胡特打招呼。但意外的是，科胡特的眼睛只看着前方，而不注意周围的人，对这两位同事的问候也没有任何回应，只是直奔演讲台发表演说。为此，奥恩斯坦郁闷了一阵子。

两天后，科胡特就过世了。

又过了两天，科胡特的妻子打电话给沃尔夫和奥恩斯坦，告知他们她的丈夫已经去世的消息，并说道，科胡特在去世前交代给她一件事。他在遗言里说，那天他走进会场时，不是没有看到他们俩向自己打招呼，但因为那天他必须把生命中剩余的力气都用在最后那 40 分钟的演讲上，所以没办法打招呼回礼。因此，他希望在自己去世后，妻子能向他们还礼。他感受到了他们的善意。

　　科胡特在生命的最后几个小时里开始进入临终前的弥留状态。一位年轻的值班实习医生赶过来，因为是第一次面对临终患者，这位年轻的医生有点不知所措。垂死的科胡特安慰这位年轻的医生："就让我们按照医疗操作手册上的要求工作吧。"

有时，只是单纯地临在和陪伴，

其他什么都不用做，就能让患者发生改变。

哈里·冈特里普

（Harry Guntrip, 1901—1974）

　　哈里·冈特里普是英国著名精神分析家，费尔贝恩、温尼科特、巴林特、冈特里普被称为精神分析中间学派的四大学者。冈特里普除了精神分析家的身份外，还是一位杰出的社会工作者和虔诚的牧师。冈特里普分别接受了费尔贝恩和温尼科特长达 10 年的分析和教学训练，所以他的精神分析理论和风格充分整合了这两位老师的东西。

·火车上的辛苦旅人·

在从英国英格兰利兹开往苏格兰爱丁堡的火车上，每周都会出现一位 50 岁上下、牧师打扮、行色匆匆的辛苦旅人，但他不是去传教，而是去学习。他不是别人，正是冈特里普。

在传统的著名精神分析家中，有医生背景的居多，也有一小部分是心理学家。但社会工作者、牧师成为精神分析家的比较少，在理论上有所创见的就更罕见了。冈特里普就是这样罕见的一位。冈特里普是一位虔诚的基督教公理派牧师，一生致力于社会慈善工作。在利兹，他甚至创建了一个难民中心，全身心地为社会无业者、流浪者服务，后来他的工作重心因接触了精神分析而逐渐转向心理治疗。

37 岁时，冈特里普开始对精神分析产生兴趣，并在英国著名的塔维斯托克诊所接受了精神分析的体验和训练。在差不多 50 岁时，冈特里普因为阅读费尔贝恩的著作后获得了某种共鸣而开始在费尔贝恩那里接受分析，每周两天从居住地利兹前往爱丁堡费尔贝恩的精神分析诊所。当时，由于条件的限制，他们一见面就先做分析，分析结束后就开始讨论精神分析客体关系理论。后来，根据冈特里普的回忆，他对费尔贝恩的分析并不十分认可，不过对知识的渴求和内心的潜意识渴望还是让他每周去接受分析。在 10 年的时间里，冈特里普为了安排接受分析的时间和费用，每天几乎要工作 12 个小时。这种来回奔波的情况直到费尔贝恩去世前不久才结束。

之后，冈特里普又找到温尼科特接受了近 10 年的分析。据说，温尼科特为冈特里普提供了另一种有温度的精神分析，这个阶段的分析更大地改变了冈特里普的人格，使他具有更多宁静和安详的气质。在这期间，尽管冈特里普已经不用辛苦奔波并筹备接受分析所需的费用，分析密度也相对减少，但这对一位 60 多岁的老人来说，也并不是一件容易的事。分析一直持续到 1969 年，当时温尼科特也因为年老体衰而准备退休。这时，冈特里普差不多已经快 70 岁了。

虽然冈特里普的努力是大部分人都很难坚持做到的，不过这种学习的精神真是值得敬佩。这些努力也直接促使他的理论和工作有了扎实、深厚的基础，使他以罕见的身份进入著名精神分析家之列。

· 一次无声的治疗 ·

冈特里普以一种基督式的爱和对精神分析逐渐深入、整合的理解，在生命晚期的心理治疗工作中展现了一种仿佛耶稣降世为真实肉身之存在的力量。

有一次，冈特里普前往医院看望一些患者，那家医院的病房里住着一位让医生和护士都难以应对的患者，据说这位患者当时发生了严重的退行，并呈现出婴儿的姿态。不管谁过去，他都会躲到被子里，不与人交流。冈特里普听说了这位无法与人接触的患者，于是尝试着去和他接触。当患者看到一个医生和社会工作者模样的人走过来时，就又躲到被子里，把自己藏了起来。冈特里普走进病房，见到了病床上的那团被子，并注意到了患者因为要抓住被子盖紧自己而露出的手。

冈特里普在病床前静静地坐下，用手轻轻地握住患者露在被子外面的手，就这样，其他什么都没有做。这个过程持续了 50 分钟，期间似乎什么也没有发生，冈特里普只是单纯地临在和陪伴。在第 50 分钟到来的时候，冈特里普开口与患者告别。

冈特里普离开病房后，患者打开了被子，护士发现患者已经泪流满面。从此以后，患者逐渐恢复了与他人的交流。

这或许就是一种带有密友移情性质的工作。虽然冈特里普什么都没有做，但他与患者分享了最重要、最隐秘的相处时光。

"每一粒沙子都找到了它的位置。"

多拉·卡尔夫

（ Dora Kalff，1904—1990 ）

多拉·卡尔夫是沙盘游戏疗法的创始人、国际沙盘学会第一任主席、荣格派分析心理学家。她曾在瑞士接受分析心理学训练，期间又去英国学习了儿童治疗的"世界技术"，并跟随英国著名的精神分析家温尼科特学习心理治疗。由于只有高中学历，卡尔夫最终未能获得瑞士荣格学院颁发的分析心理学家的资格证书。但她创造性地运用荣格等人的理论和技术，将本来治疗儿童的"世界技术"发展成了同时适应儿童和成人心理治疗的沙盘游戏疗法。沙盘游戏疗法强调，在心理治疗师在场的见证下，患者要自发地运用沙盘治疗工具进行创造性的游戏，完成退行性的修复和前行性的发展，并因此获得人格的自性化。

多拉·卡尔夫 / （Dora Kalff, 1904—1990）

·每一粒沙子都找到了它的位置·

多拉·卡尔夫在与来访者一起工作时，一般总会在旁边摆放一个沙盘和上千件玩具，她的开始语通常是："看看架子上的小对象，看到哪个跟你'说话'，你就把哪个摆到沙盘上。你可以随自己的心愿，挑出小对象摆到沙盘上去。"

如果将一个人理解为一个整体，那么他一定能够持续地调和内部世界与外部世界的需要。

当人们在童年时期由于某些社会约束和恐惧而不得不压抑自己内在的声音时，有些人会慢慢养成一些不健康的防御方式。科胡特曾指出，这些不健康的防御方式是人们为了生存下去而启动的一种自我保护机制。而之后，这些防御方式会成为人们性格的一部分。卡尔夫试图将人们从这些不健康的防御方式中释放出来，因此她发现了沙盘游戏疗法。

在一个专业的沙盘游戏空间中，人——不管是儿童还是成年人——都能投入童年的场景中，重拾自己的天真和力量，并解除自己为了生存而产生的病态防御方式，这就是心理康复的开始。沙盘游戏的英语就是 Sandplay，即沙的游戏。

卡尔夫是 20 世纪最富创意的天才临床心理学家之一，她的敏感和天赋给临床治疗带来了新的理解和技术。

伊娃（Eva，著名的荣格派分析家、沙盘治疗师）回忆起自己在接受卡尔夫沙盘训练时的一个情景：有一次，伊娃捧起满满一把沙子，然后让沙子自然地在指间滑落，撒到沙盘中的每一件玩具上。这个过程持续了很久，沙子发出沙沙的美妙声音，似乎一切满足就在其中。这时，卡尔夫对伊娃共情道："这样，每一粒沙子都找到了它的位置。"

正如中国的老子所说的："夫物芸芸，各复归其根。归根曰静，是谓复命。"

当我第一次听到这个故事时，耳中似乎出现了那个房间里和谐共鸣的声音在轻轻震颤，有点儿类似蜂鸣。一种敏感的共情存在于心与心之间，以致成为一种推动心灵发展的无声之声。

"是谓无状之状，无物之象，是谓惚恍。迎之不见其首，随之不见其后。执古之道，以御今之有。能知古始，是谓道纪。"

卡尔夫是极少数对东方文化相当精通的欧洲人，也是能阅读中国汉语古籍的西方临床心理学家，或许这给她带来了许多深度的人性理解。

在瑞士创立沙盘游戏疗法时，卡尔夫做了一个梦，她梦见中国的佛教僧侣送给她一个金色的面具。这或许代表着她内心的某种东西方深度的联结。

· 两位心理学家的倒霉事 ·

卡尔夫创立沙盘游戏疗法后，有两个传播方向，一个是在西方发展，另一个是在河合隼雄和卡尔夫交流后由河合隼雄传到日本，并根据日本盆景艺术和东方文化的观念形成箱庭疗法。

这两位著名的临床心理学家可以说是沙盘游戏疗法的祖师级人物，但他们在瑞士荣格学院参加毕业考试时，都遭受了一些打击。

河合隼雄在瑞士受训成为荣格派分析家时，与西方文化产生了交锋。那时，从荣格研究院毕业的一位考官要他举出一些关于"自性"的象征符号。

河合隼雄内心十分清楚，根据荣格派的常识，他应该回答"曼荼罗"。但他那时却在思考东方文化中是否有更准确的含义。他的心底升起一句东方佛教谚语："草木国土，悉皆成佛。"于是，他回答道："一切事物。"

作为西方人的考官对这种东方佛教的说法闻所未闻，他觉得这位候选人的回答有点不着边际，于是给予了否定。但河合隼雄忠于自己内心的答案及以此为基础的文化感受，于是与考官进行了辩论。结果可想而知。考官说，由于河合隼雄缺乏基本的分析心理学常识，因此他不批准河合隼雄毕业。

虽然河合隼雄最后获得了荣格派分析心理学家的毕业证书，但这一事件还是给他带来了很多麻烦。

河合隼雄的沙盘游戏疗法同盟者卡尔夫更加倒霉。她求学于荣格本人多年，接受荣格的妻子艾玛·荣格（Ema Jung）多年的分析心理学训练，完成了荣格学院的训练课程，并熟悉荣格学派需了解的各种文化人类学的基础知识，同时她还曾到英国接受著名的精神分析家温尼科特的训练。这一切经历都给卡尔夫带来了自信，她觉得自己一定能顺利获得荣格学院的毕业证书，毕竟连荣格本人都很赞赏她。

结果却令人感到意外和悲伤。由于卡尔夫没有一张大学毕业证书，因此她的其他成就被一概忽视，她也没有被授予荣格派分析心理学家的资格证书。这一事件当然是官僚制度导致的恶果，虽然卡尔夫没有受过正统大学的训练，但她之前的学习足够超过几个大学的训练所达到的程度，她精通中文这一项就已经足够让她获得一个汉学的研究生学位，她只是缺少一纸文凭而已。这件事令卡尔夫十分郁闷。

　　卡尔夫在此后撰写了多本弘扬荣格派分析心理学观点的著作，她对观念的精确把握和原创几乎可以令所有荣格派分析心理学家侧目。后来，卡尔夫还创立了国际沙盘游戏治疗学会，其中的许多成员都是荣格派分析心理学家——虽然这带点儿黑色幽默的味道。

一个不能了解或不愿了解自己文化传统的真
正价值的人，

其世界是局部、片面乃至丧失灵魂根基的。

河合隼雄

（Hayao Kawai，1928—2007）

　　河合隼雄是日本著名的临床心理学家、日本第一位荣格派分析心理学家、国际沙盘游戏治疗学会第二任主席、京都大学教授，曾任日本文化厅长官，并发展了东方化的沙盘游戏疗法——箱庭疗法。河合隼雄运用临床心理治疗，结合自己对东方文化的思考，撰写了《佛教和心理治疗艺术》《日本人的神话》等著作。同时，他也对多角度的社会文化对话感兴趣，并曾与著名日本作家、《挪威的森林》的作者村上春树合著对话集《村上春树去见河合隼雄》等作品。河合隼雄的分析心理学整合了禅宗的重要理念及日本文化的特点，以此来发展患者的自性。

· 找回根基 ·

河合隼雄早年曾求学于西方心理学界，是日本第一位荣格派分析心理学家和沙盘治疗师，他领导了当代日本心理治疗的发展，几乎可以说是日本心理治疗第一人。

河合隼雄早年在美国洛杉矶学习西方心理学，通过一些经历得以反思自己的传统文化背景，这导致他之后的思想发生了巨大的转变，进而认识到自己文化传统的价值。

需要交代的是，在河合隼雄去往美国学习之前，日本正值在第二次世界大战中失利的局面，这导致日本青年反思自己的社会文化传统成为一种时髦，他们片面地崇拜西方理性主义和科学主义，否定自己的传统文化。当时的河合隼雄也是这许多青年中的一分子，所以他对以东方文化为基础的日本传统文化不屑一顾。

河合隼雄去往美国学习时，准备接受分析心理学家马温·斯皮格曼（Marrvin Spiegeman）对其梦的分析，他十分怀疑这东西是否科学："我不能相信这种非理性的东西。我不远万里来到美国，要学的是西方的理性主义，怎么能相信这种梦中游戏呢？"

斯皮格曼反问道："你了解过你的梦境吗？你认真想过它们的意义吗？"

"没有。"河合隼雄回答。

"你还没了解它就否定和排斥它，你觉得这一态度是科学的吗？"斯皮格曼说道。

又有一天，河合隼雄去听斯皮格曼讲授的分析心理学课程。讲课时，斯皮格曼拿出《十牛图》给他看。

对于这10幅有关丢了牛和找到牛回家的连环画式的图画，河合隼雄感到迷惑：这些图画代表的意义是什么？它们来自什么国度？……

然后，斯皮格曼解释道，这是10幅来自东方的图画，是东方的佛教禅宗为了说明某种心理转变的进程而创作的。

这让河合隼雄觉得十分丢人，因为作为东方人，对于这样一件源于古代东方、蕴含着哲理的著名艺术作品几乎一无所知，实在说不过去。

这件事让河合隼雄开始反思自己对东方传统文化的态度，并决定重新研读佛教禅宗的典籍及铃木大拙等人的禅学著作。

　　在之后的临床心理学研究过程中，河合隼雄不断地审思西方心理学和东方文化之间的关系，广泛了解东方传统文化，修正并补充西方心理学在东方文化实践中的不足之处。这让他渐渐成为扎根于自己传统文化的重要心理治疗专家。

　　这个故事告诉我们，一个不能了解或不愿了解自己文化传统的真正价值的人，其世界是局部、片面乃至丧失灵魂根基的。

一个宛若在黑洞里走了很久的人，不断地叩着石壁，并问道："外面有人吗？"

终于，他得到了回应，外面有人说："我在这儿！"

卡尔·罗杰斯

（ Carl Rogers，1902—1987 ）

　　卡尔·罗杰斯是美国著名心理学家、人本主义心理学的主要代表人物之一。他曾任美国心理学会主席，1956年获得美国心理学会颁发的杰出科学贡献奖。罗杰斯一生主要从事心理咨询的研究与实践工作，并根据自己在心理咨询工作中的经验发展了以人为中心疗法和会心团体。他的心理咨询思想主张心理咨询师的真诚、倾听、共情，以及对来访者的无条件积极关注等非指导性原则，以协助来访者进行人格整合。这一理念对心理咨询的发展产生了巨大的影响。

卡尔·罗杰斯 / （Carl Rogers，1902—1987）

·来访者教会罗杰斯做咨询·

心理咨询与治疗技术的发展，不少都是因某些特定的来访者教会心理咨询师如何进行工作而发生的，如弗洛伊德的患者安娜·欧、科胡特那位发怒的患者，以及首位启发萨提亚做家庭治疗的患者等。

以人为中心疗法的产生，经历了非指导性技术、以来访者为中心疗法、以人为中心疗法几个阶段的发展，这一发展得益于罗杰斯的杰出而勇敢的探索，不过一开始也是来自一位来访者的启示。在心理咨询的过程中，心理咨询师能够坦诚地面对来访者，并接受来访者的启示，是一件需要成熟度和勇气的事。一旦心理咨询师具备这样的成熟度和勇气，他就有机会向著名学者之列迈进。

罗杰斯遇到这位来访者时的背景是 20 世纪上半叶的美国，当时精神分析正在美国盛行，而罗杰斯接受了奥托·兰克的精神分析训练。

有一次，罗杰斯与一位问题儿童的母亲谈话，想使她明白孩子的问题与她对孩子缺乏关爱有直接关系，但谈了一段时间后，似乎并没有任何进展。由于这种互动更像说教而不是心理咨询，因此双方似乎都在各自的语境中对话，两个人好像两条无法交叉的平行线。

最后，罗杰斯说："看来我是帮不了你了，或许我们应该终止咨询。"

这位母亲同意了，站起身准备离开。但走到门口时，她却停了下来，转身对罗杰斯说："博士，你们这里是否也给成年人提供心理咨询？"

罗杰斯说："当然，如果你愿意。"

这位母亲于是坐回到刚才的椅子上，开始倾诉自己的烦恼。

这一切来得十分突然。罗杰斯完全没有准备，一时不知该如何是好，于是他就坐在那儿静静地倾听来访者究竟在表达什么，并在来访者表达不清晰的地方进行澄清。结果1个小时下来，这位母亲感觉好多了，罗杰斯也开始理解和共情这位母亲与她的家庭。

· 人之所需 ·

罗杰斯在为他的治疗理念作阐释时，曾描述过这样一个感人的故事。

一个宛若在黑洞里走了很久的人，不断地叩着石壁，并问道："外面有人吗？"终于，他得到了回应，外面有人说："我在这儿！"

在真正的心理咨询过程中，这样的视角可以让咨询师给来访者带来深入的共情，与来访者一起感受他的痛苦，并告诉他，他在这个世界上并不孤独。

弗洛伊德也曾在《性学三论》的脚注中提到类似的故事，以展现人类对关系的追求。

我曾经听到一个 3 岁的男孩在一间黑暗的屋子里喊道："姑姑，和我说话吧！太黑了，我好害怕。"

他的姑姑回答道："那样做有什么好处呢？你又不能看见我。"

男孩回答道："那没有关系，如果有人说话，就会带来光亮。"

那个男孩害怕的不是黑暗，而是他所爱的人不在身边；一旦他能证明有人在，他就会觉得心里很踏实。

· 有限性 ·

虽然不希望如此，但只能无可奈何。卡尔·罗杰斯走出了自己在芝加哥大学的办公室，终于松了口气，因为他要和妻子去度假六周以修复自己在心理治疗工作中所受的创伤。

罗杰斯有好一段时间心情不畅了。在与一位女性精神分裂症患者开展心理治疗的过程中，他起初以真诚、倾听、共情的非指导性原则（即以人为中心疗法）与来访者一起工作了几个月的时间。但他渐渐发现，治疗似乎收效甚微。之后，有些意料之外的事情在罗杰斯的内心发生，但他有点不理解那是一种怎样的感受。后来，他发现自己在心理治疗中过度卷入了，咨访双方的紧密关系让他觉得自己的自我和来访者的自我混淆在一起，并且无法自拔。罗杰斯找来同事一起讨论这一压力，并到处寻求帮助，但他还是发现自己无法控制焦虑，总是心神不宁。这时，他已不再有能力承载这一治疗关系，更不用说帮助访者康复了。

经过几夜痛苦的思索，罗杰斯终于承认这是一个失败的治疗，并且自己在短时间内无法调整好自己的人格，因此他决定放弃并把这位来访者转介给同事，他则需要放个长假以修复自己的心理状态。

罗杰斯在 20 世纪全球心理学家中排名第五，其重要程度可想而知。在当代心理咨询与治疗领域，他绝对可以被列为影响力最大的几位心理学家之一。当代心理咨询师在咨询中所秉承的人性主义，就来自他的创见和推动。因此，以他的水准，做出这样的选择自然非同小可。

心理咨询与治疗工作有时是很艰巨的。一位澳大利亚心理学家曾和我说起，心理咨询师需要有足够的心理准备，因为终有一天，某位来访者可能会拉你一起去心理的深渊走一遭。故事发生时，罗杰斯已经名声在外，但他并没有被自己的声名所累，在自己的人格遭受来访者人格的冲击时，他能够坦诚地面对自己的失败和弱点，及时用成熟的方式帮助自己和来访者，而不是到自己人格崩溃之时才醒悟。

存在主义心理治疗学者罗洛·梅曾引用存在主义哲学家保罗·蒂利希（Paul Tillich）的话："人需要认识到自己的有限性。"

谁都不例外。

类似的案例也曾发生在精神分析学派鼻祖弗洛伊德身上。当时弗洛伊德接诊了一位患者，这位患者的神经症症状并无特殊之处，以弗洛伊德的临床治疗能力来看，他完全能够胜任。但致命的是，这位患者从事的是埃及考古学工作，曾在埃及考古现场工作过，对埃及文化和历史可谓如数家珍。而弗洛伊德本人则是埃及考古学的超级"发烧友"，经常搜集埃及学的知识和文物。现在，眼前"掉下"这么一位"活宝"，岂非天降之喜。在整个精神分析治疗的过程中，患者时不时地显示出在埃及考古学方面的博学，这使弗洛伊德无法抵挡住诱惑，在治疗中时不时地询问患者许多关于古埃及的问题。渐渐地，弗洛伊德发现自己对埃及考古学的着迷程度已经超过了对治疗这位患者的兴趣。经过自我分析和反省，弗洛伊德承认自己的反移情已经使他无法成功地治疗这位患者，这样下去对患者的痊愈不会有任何好处。于是，他决定把该患者转介到其他心理治疗师那里去接受治疗。

著名的精神分析家克莱因曾说："一个人或许不能治好每一个人，却可以帮助许多人。"

这或许就是对自身有限性的最恰当理解。

真正的倾听是可以润物细无声地使来访者在不知不觉中与自己重新相遇并自然而然地发生变化的。

尤金·T. 简德林

（Eugene T. Gendlin, 1926—2017）

　　尤金·T. 简德林是著名的哲学家和心理学家、聚焦－体验取向疗法创始人。他曾在芝加哥大学任教，是罗杰斯以人为中心疗法研究团体的成员。在参与罗杰斯研究团队威斯康星大学心理咨询体验过程研究时，简德林发展了重视临床体验过程的聚焦取向心理疗法，继而构建了聚焦哲学和创新性/边缘性思维方法。鉴于对发展心理治疗实践所做出的杰出学术贡献，简德林四次荣膺美国心理学会授予的杰出贡献奖，并于2010年获得美国心理学会颁发的终身成就奖。简德林同时是美国心理学会临床部心理学杂志《心理疗法：理论、研究和实践》的创刊者。他的著作《聚焦心理》的销售量已超过50万册，并被翻译成18种语言。

·考验了一把罗杰斯·

人本主义疗法有两大派系，第一派系的创始人是罗杰斯，第二派系的创始人就是简德林。

从传承意义上讲，简德林的聚焦－体验取向疗法的发展源于罗杰斯。简德林心理咨询的"路程"是从罗杰斯开始的，但他最初不是跟随罗杰斯学习，而是实实在在地考验了一把罗杰斯。当罗杰斯通过考验后，简德林才加入了罗杰斯的以人为中心疗法的训练和研究团体，并在此基础上，发展了聚焦－体验取向疗法。

故事是这样的。简德林早期是一位哲学学者，在罗杰斯所在的芝加哥大学研究精神科学、现象学、存在主义等哲学，与存在主义哲学家马丁·海德格尔（Martin Heidegger）交流过诠释学之父威廉·狄尔泰（Wilhelm Dilthey）的《精神科学》。这样的经历理应让简德林成为一位研究哲学的学者，但他作为现象学家的实践，却让他走上了临床心理学的研究之路。

在阅读心理学著作时，简德林注意到当时著名的心理学家罗杰斯的心理咨询理论，罗杰斯当时正在积极发展人本主义疗法的现象学观点，这正中简德林的下怀。

"但怎样去接触罗杰斯呢？"简德林心想。

如果直接以同事的身份去，难免会出现过度理论性的探讨，而生命哲学应该是实践性的。

几经思考后，简德林突然想起罗杰斯是做心理咨询的。那么，自己不如作为一位来访者去找罗杰斯做咨询，看看罗杰斯是怎么在实际的咨询工作中展现他对哲学和生命的理解的，那样或许会更加真实。

于是，简德林预约了心理咨询中心的罗杰斯。那时候，罗杰斯在美国已经十分有名了，预约他做咨询需要排队。而从简德林愿意排队等待接受咨询的架势来看，他是下了很大决心的。

皇天不负有心人。简德林终于等到了罗杰斯为他做咨询的时间。于是，他们开始了长达几个月的咨询。罗杰斯做梦也没想到，居然有人以这样的方式来检验他对哲学的理解。但罗杰斯不愧是罗杰斯，在几个月的咨询中，罗杰斯内外一致的存在状态真实而清晰地展现出来。

简德林观察到，罗杰斯的咨询行为的确与他的理论阐述是一致的，因为他努力真实地面对来访者和自己。虽然罗杰斯对哲学的精通程度肯定不如简德林，但简德林发现罗杰斯的工作状态是真正相应于生命哲学的状态的。

这样观察和考验了罗杰斯几个月后，简德林在咨询现场坦白了自己的身份。罗杰斯感到很吃惊，但他很高兴地和简德林聊起彼此的沟通过程。简德林很喜欢这个过程，于是加入了罗杰斯的以人为中心疗法的研究团体，最后开创了聚焦－体验取向疗法。

·简德林被认为是精神分析师·

有一次，简德林与一些年轻的非专业人士前往纽约（美国精神分析重镇）的一个精神分析研究所，目的是交流有关倾听的主题。在大家不知道对方底细的情况下，简德林在现场演示了倾听：简德林作为心理咨询师倾听一个作为来访者的人的话，并进行澄清。那个研究所里富有经验且年纪颇长的精神分析家非常赞赏简德林的表现，并好奇他是在哪里接受这么好的精神分析训练的。他们认为，简德林的倾听是如此富有经验且新颖，而这正是他们一直所期望的、充满敏感性的倾听。

于是，简德林说明了自己人本主义学派的身份。这让现场的精神分析家和学习者感到十分惊讶。为什么他们之前认为的精神分析的倾听形式是简德林所展示的这个样子，这难道真是人本主义学派的倾听方式吗？

这场交流愉快地进行了下去，现场的许多精神分析取向的治疗师也因此重新理解了倾听的意义。

简德林在他的发言中指出，其实倾听并不只属于以人为中心疗法和聚焦取向疗法等人本主义心理治疗阵营，它应该属于所有心理治疗学派，是所有心理疗法都应该认真对待的首要工作。如果没有倾听，之后的心理咨询工作几乎是无法良好地开展的。

其实，倾听与共情、无条件积极关注是联系在一起的。从我个人的经验来看，不少心理咨询师觉得自己精通倾听、共情、无条件积极关注，但在督导和案例中，我发现事情并不像想象中的那样简单，许多心理咨询师并不能很好地实践倾听，甚至在还没有听清楚来访者到底在说什么的时候，就直接给予反应和指导了。这样做的结果往往是不利于咨访关系的。

我第一次在真正意义上亲眼见识到这种倾听，是在简德林的同事坎贝尔·珀顿（Campbell Purton）博士来中国教学的课堂上，当时他正在演示心理咨询案例。虽然之前我也看到过不少国内乃至国外的心理治疗师进行的"人本主义心理治疗"案例的倾听演示，但这次重要的经验让我得以区分真正的倾听和形式上的倾听。

在坎贝尔·珀顿博士演示的咨询回合中，我几乎没有感觉到他有什么形式上的工作或对个案说什么话，他只是在纯粹地倾听和澄清。但很奇妙的是，不知不觉中，在他所演示的咨询回合的尾声部分，个案已经呈现出了很大的变化。当时，我实在无法参透在这个咨询过程中究竟发生了什么，使个案发生这样的变化。

之后，随着对人本主义疗法的深入学习，我才终于明白，之前我看到的诸多人本主义心理治疗的倾听，其实并非真正意义上的人本主义心理治疗的倾听，最多只能称得上徒有形式的倾听罢了。而真正的倾听，的确可以如罗杰斯、简德林等人在咨询过程中呈现的那样润物细无声地使来访者在不知不觉中与自己重新相遇，自然而然地发生变化。

原来倾听是如此简单，却又如此深刻。

"健康的爱情是我对另一个人表达自己的团体感，我要关心那个人的福祉，一如我关心自己的福祉那样。

生活在一起要比零件凑合在一起复杂一些：因为我们创造了一个新东西，那就是爱。"

罗洛·梅

（ Rollo May，1909—1994 ）

罗洛·梅是存在主义心理治疗的创立者、美国纽约心理学会主席、著名的美国怀特研究所所长。他早期从事英语文学教学工作，后来在欧洲游历时邂逅了个体心理学创始人阿德勒，并在一段时期内与阿德勒一起在儿童指导所工作。后来，梅在美国协和神学院跟随著名的存在主义哲学家保罗·蒂利希研究神学和存在主义哲学，毕业后从事了两年的牧师工作。而后，他开始攻读哥伦比亚大学临床心理学博士学位，期间不幸罹患肺结核（这在当时是一种绝症）。由此，他开始思考人生存在的意义，最后得以摆脱疾病并完成了学业。之后，他在临床心理治疗和写作中，形成了自己的心理治疗风格，成为存在主义心理治疗的宗师。梅的思想除了受到来自精神分析学派的学者哈里·斯塔克·沙利文（Harry Stack Sullivan）、弗洛姆的影响，还结合了对存在主义哲学的思考和阿德勒的理论。

·与死神相遇·

有时候，大器需要晚成。

有时候，病痛会成为一种上天的赐福，使人得以重新发现生命的价值。

有时候，生活的挫折可能会促成伟大的思想。

谁也无法知道，自然中看似错杂无序的变化背后隐藏着怎样的结果。

罗洛·梅就是由此获得祝福的人。他是存在主义心理治疗的创始人、纽约心理学会主席、美国怀特研究所所长（怀特研究所是美国著名的心理治疗研究中心，曾有沙利文、弗洛姆等著名的心理治疗家在此担任教职）。

梅于 1994 年去世时，美国人本主义第一任主席 J. 布根塔尔（J. Buggental）作悼词道："梅是一位神话般的、富有献身精神的人，他探讨了艺术和心理科学等领域……关于爱、意志、勇气，他在明确表述我们的观点和丰富我们的思想方面，成为堪比威廉·詹姆斯（William James）的值得尊敬的后续者。"

梅早期并非心理学科班出身，而是毕业于英国文学专业，毕业后做了三年英语教师。之后，他攻读了美国协和神学院的神学专业，并到一个教区担任了两年牧师。当时他已经 30 岁左右，除了与著名的欧洲心理学家阿德勒有过几次接触外，他还没有真正接受过心理学专业训练。

在梅 30 多岁时，死神开始接近他。他回忆道："30 年代末，我患上了肺结核。10 多年来，我生活在动荡不安之中，仿佛再也没有明天。"当时，治疗肺结核的药物还没有完全研发成功，因此身患肺结核就意味着身患无药可治的绝症，与被判死刑无异。"突然间，我赖以生存的重要计划、人际关系、生活标准及人生价值，全都化为乌有。"

罗洛·梅躺在病床上等死之际，得以有机会深入思考人生的意义和存在主义哲学对生命的讨论等严肃问题。他回忆道："由此，我调整了自己的生活方向、我在此时此地的存在——我所拥有的就是这个存在和我患有肺结核的身体。面对死亡是种很有价值的经验，因为在这经验中，我学会了面对人生。"

两年后，梅幸运地康复了。也许是他的意志拯救了他的

身体。这也使他终于有机会将自己的人生思考与沙利文、弗
洛姆等学者的精神分析治疗思想相结合，并撰写了《焦虑的
意义》《人的自我寻求》《存在：精神病学和心理学的新方向》
《爱与意志》《权力与无知》《创造的勇气》《自由与命运》《祈
望神话》等存在主义心理治疗的经典之作。

　　这就是存在主义心理治疗的缘起，如果没有这场"天
赐"的肺结核，没有罗洛·梅的意志和勇气，或许当今心理
治疗界就不会有存在主义心理治疗了。

　　当罗洛·梅终于在哥伦比亚大学拿到临床心理学博士学
位时，他已经 40 岁了。这与许多著名心理学家在早年就顺
利拿到学位的情况截然不同。但也正是因为这些不同和困难
重重的经历，才使他的生命体验和治疗的深刻性所凝聚的存
在主义心理治疗思想有如此深远的影响。

　　这些事件如果落在另一个人身上，可能就会成为毁灭性
的灾难或导致精神的崩溃。但梅以他的爱、意志、勇气、智
慧成功地度过了那段艰难的岁月，因此这些巨大的负面事件
反而成为他伟大思想的源泉，这些灾难反而成为一种来自上
天的祝福。

　　就像阿尔贝·加缪（Albert Camus）所说的，西绪福斯
在那座斜坡上艰苦地向上推动那块永远也无法到达山顶的石
头。他虽然因此而烦恼，但他真实地生活着，不致成为一个
没有烦恼的潜在空虚者或病态者。

索伦·克尔凯郭尔（Soren Kierkegaard）曾说，冒险导致焦虑，但不去冒险则将丧失人的自我……在最高的意义上，冒险恰恰是为了意识到人的自我。

·梅之爱·

"健康的爱情是我对另一个人表达自己的团体感，我要关心那个人的福祉，一如我关心自己的福祉那样。生活在一起要比零件凑合在一起复杂一些：因为我们创造了一个新东西，那就是爱。所谓爱，它包括体贴、敏感、同情，还包括性。当你爱上一个人时，你对他的性感就会几何式地增长。"罗洛·梅这样回答采访者。

鉴于罗洛·梅在人本－存在主义心理学领域的巨大贡献，1981年夏，美国人文心理研究所出版了一期以罗洛·梅为主题的专刊。专刊上记录了上面那段话。

在爱之领域颇有建树的罗洛·梅可谓真正的大家。《爱与意志》是他在这方面的经典之作，此书荣获美国拉费·沃德·爱默生奖，同时也被美国出版协会评选为最佳著作。它从存在主义的角度阐述了何为人类爱之本质。

在20世纪的文化中，人们要么把性从爱中分离出来，以此来取代爱，进而导致性的放纵、爱的压抑和人的冷漠，要么陷入性技术决定论，进而不可避免地导致自己放弃个人生活责任、期望和意志。这时，人是选择被命运安排，还是自己掌握命运？当人选择掌握自己的命运，选择属于自己的爱并卷入其中时，就不会再把异性当作满足个人性欲的工具，而是乐于与对方建立长久且稳定的关系。当爱与意志合而为一时，人们对肉欲和性技术的沉迷才有可能超越成对"真爱"的向往。

或许读者无法想象，罗洛·梅在写这部著作之前，正经历婚姻的破碎。不过，这一作品的缘起恐怕也与梅自己婚姻的失败有关。离婚后，梅独自住在旧金山城。

曾有学者评论："60 年代的梅博士在学术上非常成功，在生活中却十分失败。"

这一离婚事件及离婚之后的孤独，或许使他有资本去思考何为人类爱之本质。这就是梅的风格。离婚的烦恼和痛苦对任何人而言都一样，不过梅能够觉察自己和背景的问题所在，失败和困难反而激起他解决问题的意志。

从精神分析的角度来说，这一意志当然也可以被视为一种内心的补偿。当我们的内心遭遇痛苦和损失时，我们会倾向于尝试一种补偿性的思考。这一思考是有益于我们自己的，也是有益于社会的。所以在这一点上，如果说这部作品是一种升华机制的结果，是梅将个体之爱升华为一种更广泛意义上的爱，那可能是更如实的评价。

在梅思考这部作品的时候，美国正经历第二次世界大战后社会和文化的巨大变迁，离婚率大幅升高。即使是杰出的心理学家，也几乎无法超越他们所生活的那个时代，他们不得不与社会一起经历整个演变。但显然，罗洛·梅用他的思想努力补偿了那个时代文化的缺陷，并真正影响了许多人的爱情，挽救了许多人的爱情。

加缪曾说："与世界不分离，把生命置于阳光之中，一生就不会一事无成。不管处在何种境地，遇到何种不幸与失望，我的所有努力都是重新去寻找与阳光的接触。"

"在我亲身体验到的这种悲哀之中，爱（对人类的爱）是难以表达的意愿。"

"（为了这）即使看到的仅仅是夜幕中的一座丘陵，那也是何等陶醉的感觉。"

我想，这或许就是梅的存在主义的爱之信念。

首先我们应当是人，应该把患者看成一个正在受苦的人，而且除了我们的专业性帮助外，他有权利作为一个个体受到尊重。

罗纳德・戴维・莱恩

（Ronald David Laing，1927—1989）

　　罗纳德·戴维·莱恩是苏格兰精神病学家、存在主义心理治疗的代表人物之一。他的主要工作是对精神分裂症患者进行治疗。莱恩发展了具有存在主义心理治疗特点的人际感觉疗法，这一理论结合了他本人的临床治疗经验、现象学、存在主义哲学、精神分析及系统论等。在莱恩看来，精神病并不是一种大脑受损的疾病，而是一种在疯狂的世界里表达自我的诗意方式。这一观点虽然有其偏向，但也反映了莱恩的心理治疗中深刻的人文主义色彩。他以一种竭尽全力的方式去理解患者的状态，成为患者的知音，从而协助患者康复。

·莱恩的案例演示·

莱恩是著名的存在主义心理治疗师，来自苏格兰，长期治疗各种精神分裂症患者。他对精神分裂症的理解招来了许多批评意见。一般来说，精神病患者首先会被认为是大脑出现了器质性问题。

但莱恩显然不这么认为。在一个风雪交加的冬季召开的一次国际心理治疗会议上，各种疗法的专家聚集在一起演示他们的治疗过程，进行各种专业讨论。莱恩在那次会议上呈现了他的教学。他先说自己要出去一会儿，许多人都不知道他要去哪里，有的心理学家等了一会儿就离开到别处学习去了。不久，莱恩从会场外带来一个全身肮脏、衣衫褴褛的女乞丐，还有点儿疯疯癫癫，谁都没料到莱恩会带来这样一位患者。

原来，莱恩在大街的车站上找到了这位流浪的精神分裂症患者，这位女患者表现得十分疯狂，以致四周观看的心理学家和医生都有点害怕。她是被某州立医院抛弃的慢性精神分裂症患者，无家可归，为了活下去，她只能在车站寻找被丢弃的食物充饥。莱恩用他自己的方式与这位女患者沟通，周围的心理学家和医生很快就看见莱恩和这位女患者建立了和谐的关系。

莱恩让患者解释一下为什么选择跟随他走出车站，冒着风雪来到会场。这时，患者似乎有点清醒了，她说道，如果她能来到这个满是心理学家和医生的场所，她就有机会让这里所有的人认识到，作为流浪汉和精神病患者的她也是人，这样他们就能帮助更多在未来遇到的患者。

这是一场极其令人震撼的演示，让许多在场的心理学家和医生真实地感受到人性主义在心理治疗中的重要性。

经常有一些与我面谈的来访者（某些心理疾病患者）与我谈起他们之前在一些医院和诊所遭受的伤害。医生会在短暂地听完他们的叙述后（有时甚至不等他们讲完），粗暴地打断他们的话，给他们开几种药，便让他们走了。这会让来访者觉得自己没有被接受和认可，而是被轻率地打发了。还有一些更严重的情况。有位患者满怀信任并开放地向一位治疗师叙述自己的虚弱和内疚，却被那位治疗师痛批了一顿，并进行了严厉的思想道德教育，以致当那位患者走出医院时，几乎想冲到马路中间被车撞死算了。

罗纳德·戴维·莱恩 / （Ronald David Laing，1927—1989）

一位心理学家曾说："首先我们应当是人，应该把患者看成一个正在受苦的人，而且除了我们的专业性帮助外，他有权利作为一个个体受到尊重。如果我们想要患者作为一个合作者与我们一起对由移情产生的退行性材料进行工作，那么我们必须注意在治疗过程中始终如一并真诚地强调患者成熟的方面。"

他说这种对自己人性的接纳是他最无法忘怀
的时刻，

在那一刻，他遇见了真实的自己。

欧文·D. 亚隆

(Irvin D. Yalom, 1931—   )

　　欧文·D.亚隆是俄裔美国心理学家、精神病学家、当代存在主义心理治疗代表人物之一、团体心理治疗专家、美国斯坦福大学医学院精神病学教授。亚隆接受过精神分析客体关系学派的训练，又曾接受存在主义心理治疗的开山鼻祖罗洛·梅的分析训练。存在主义式的直面生死、自由、孤独是他的心理治疗的主题。亚隆撰写的专业教科书《团体心理治疗：理论与实践》被《美国精神病学杂志》评为十本最具影响力的教科书之一。除此之外，亚隆的心理治疗教学方式还常以小说的形式出现，如《爱情刽子手》《日渐亲近》《诊疗椅上的谎言》《叔本华的眼泪》《当尼采哭泣》。

· 被击中的一刻 ·

亚隆是美国心理治疗学者、当代存在主义心理治疗的代表人物之一。年轻时，他曾接受长期的精神分析体验训练，因此能够共情自己，而这种对自我的共情给他带来了很多值得回忆的生活财富。

精神分析体验训练是指精神分析取向的治疗师在获得执业资格之前，自己要先接受一定时间的分析性治疗，探索自己无意识中的困扰，以便将来能够更加健康和坦诚地面对来访者。

当亚隆在他的英国精神分析师麦格纳德·史密斯（Magnard Smith）那里接受了很多个小时的分析体验后，他开始发现一件发生在自己身上的事，那就是当他的父母去世时，他曾贪婪地期望从父母那里继承财产。而他的父母并非富裕之人，他的家庭也是从俄罗斯移民到美国的一般家庭，凭借自己的努力积累了微薄的财富。意识到自己有这样的冲动后，亚隆为了克服内心产生的内疚感，开始猛烈地批判自己。

史密斯先是静静地听着，然后出人意料地以接纳的语气说道："人性就是这样。"

亚隆感觉自己被击中了，之前的自我批判瞬间被瓦解，他也开始理解和包容自己不完美的部分，这为他今后的人生带来了许多光明，也使他能够理解并更好地帮助他的来访者。

成为治疗专家的亚隆在许多年后的回忆中，提到了自己在史密斯那里接受的 700 个小时的分析训练过程。他描述这种对自己人性的接纳是他最无法忘怀的时刻，在那一刻，他遇见了真实的自己。

人非圣贤，孰能无过。过于内疚悔恨或责备自己并不能解决什么问题，反倒会使自己跌落到防卫自己的虚伪深渊中。

某些具有强迫思维的来访者可能很善于批判自己的强迫想法，但最后他们往往会发现，正是因为他们无法接纳自己的某些不足，无法放下自己的心灵必须完美无缺的期望，才使自己无法停止强迫思维。这就是内疚感的代价。一旦他们能够坦然地接纳和包容自己，他们的症状就会慢慢消退。

在某些体验式的成长团体中，我们可以观察到许多人急于批判自己，或者要求他人对他们进行批判，试图以此快速成长。但事实是，成长永远被固着在原来的地方，所谓的成长也不过是表面现象。只有当他们开始包容自己时，所谓的成长才有可能发生。

生存在这个世界上，又有谁不曾对他人心怀恶念或胡思乱想呢？只要我们能对此有所了解，在总体上能对他人心怀善意、对社会有所作为就好。

谁又能保证自己在生活中的每一刻都完美无缺呢？

·初学之心的故事·

经常有同道感叹，临床心理治疗及其所需人文知识的书籍在学习和阅读上有些困难，特别是精神分析，以及涉及历史、文化、社会等思想的著作，阅读时往往如读天书，无所适从。

这种学习和阅读上的艰涩情形，不单单发生在当代社会的临床心理学进修中。在弗洛伊德时代，同样的困难也存在，由此产生焦虑之情是完全可以理解的。但如果因学习艰苦就批评这些学习内容没有必要或根本无关临床治疗，那就是一种懒惰动机下的非理性攻击了。

对于这种情况，弗洛伊德曾说：

没有别的工作领域比这一领域更需要人们在提出自己的主张时做到谦虚质朴。虽然任何一门学科都承认这一点，但公众并未有其他奢望。如果天文学的作者向读者表明，自己关于宇宙的知识含糊不清，读者不会因此而垂头丧气。只有心理学是个例外，在这里，我们必须充分考虑人们对科学探索有一种天生的无能感。看来在心理学中，人们不是期望得到知识上的收益，而是想得到其他类型的满足。因此，每一个尚未解决的问题、每一种不确定性的发现都会成为人们抱怨它的基础。每一个热爱心理科学的人都必须承受这种困苦……

这就是临床心理学家所需要的钻研精神。

有个在美国斯坦福大学的朋友跟我讲了这样一个故事。当时，亚隆担任他们一个研究生班的临床心理治疗书籍阅读课程的教授。一天，在课程将要结束时，亚隆的手机响了，他接通电话一听，是他的哲学老师和他约定学习讨论的时间。原来亚隆虽然70多岁了，并获得了终身教授的职位，是全球公认的著名心理治疗专家，但他还保持初学之心，安排自己在斯坦福大学继续进修哲学课程，以帮助自己对心理治疗的人文背景做更多思考。这一自我精进的态度堪称典范。

荣格曾说："尽可能多地去学习理论，但当你触及生命灵魂的奇迹时，你就要抛弃它们。"这句话在荣格当时的环境下绝对是正确的，而且表明了某些心理治疗的精髓。但在当代环境下，由于国际心理治疗领域发展的日新月异、治疗理论和技术的突飞猛进，心理治疗也需要有良好的人文背景才能胜任。学习，乃至终身学习，成为要从事心理治疗这一职业的人必须努力的方向。正所谓吾生也有涯，而知也无涯。但即使"殆"，也要有"朝闻道，夕死可矣"的学习精神。

　　怀着初学之心，对新的知识保持开放、好奇、谦虚的态度，承认自己有所不知，这样好学精进的品质，对任何一位成熟的当代心理咨询师而言，在任何时候都是必要的。

在任何特定的环境下，人们都有一种最后的
自由，

那就是选择自己态度的自由。

维克多·E. 弗兰克尔

（Viktor E. Frankl, 1905—1997）

　　维克多·E.弗兰克尔是奥地利精神科医生、心理学家、当代存在主义心理治疗代表人物之一、意义疗法的创始人。他早期曾是弗洛伊德所组织的"维也纳星期三精神分析小组"的成员之一，后来和阿德勒一起离开精神分析界，之后又脱离阿德勒的个体心理学并发展出自己的意义疗法。第二次世界大战期间，弗兰克尔曾因犹太人身份而被关押在奥斯威辛集中营，之后奇迹般地生还。弗兰克尔一生致力于研究生存意义与心理疾病之间的关系，并提出了他的意义治疗理论。他相信，在任何特定的环境下，人们都有一种最后的自由，那就是选择自己态度的自由。意义疗法是一种短程心理疗法，悖论技术和发现意义等构成了弗兰克治疗技术的重点。《活出生命的意义》是弗兰克尔阐述自己思想和治疗方法的代表作。

维克多·E. 弗兰克尔 / （Viktor E. Frankl, 1905—1997）

·弗兰克尔和悖论治疗·

弗兰克尔在阿德勒与弗洛伊德出现观点上的分歧时，和阿德勒一起离开了精神分析学会并组成了自己的团体——个体心理学派。之后，弗兰克尔又发展了维也纳心理治疗的第三学派——意义疗法学派。

　　第二次世界大战期间，他曾经历生与死的考验。由于弗兰克尔是犹太人，因此他在第二次世界大战期间遭遇了纳粹的监禁和迫害。迫害开始时，没有逃离德国战区的弗兰克尔就被关了起来，并被运送到臭名昭著的奥斯威辛集中营。

　　刚到达集中营时，弗兰克尔就意识到了问题的严重性。他怀疑自己此生是否还能活着离开集中营，因此他希望把凝聚了自己心血的临床心理治疗手稿保存下来，使它能够流传于后世。于是，弗兰克尔尝试向一位资深俘虏吐露这个秘密："你看，这是一份学术著作的手稿，我知道你会说什么。

你会说我能够保住老命已经谢天谢地，不要再有奢望了。可是我实在克制不住，我必须不惜一切代价保留这份手稿。这是我这辈子的心血。你知道吗？"

那位资深俘虏由于在集中营生活已久，因此脸上先是绽出一个可爱的笑容，然后是悲哀，接着是逗趣。最后，他嘲弄地说出一个词："狗屎！"

弗兰克尔后来在回忆录里带着点儿黑色幽默的意味说道，在那个时刻，自己到达了某个心理反应的高潮，挥手斩断了过去的一切。之后，他又观察了心理的第二阶段——目睹惨状，冷面以对。

弗兰克尔有点类似于局外人一样地嘲笑恶劣的生活，这和他的意义疗法的理念是一致的，即患者如果能够轻松地嘲笑自己的神经症状，那么这一症状所形成的痛苦就会转变，进而使症状得到缓解。

在一次治疗中，弗兰克尔接诊了一位会强迫性地整理自己头发的先生。在了解了情况后，弗兰克尔知道这位先生为自己在一些场合有这样的行为而烦恼，但他越克制，内心就越有一股冲动——要不停地用手整理自己的发型。于是，弗兰克尔建议和这位先生一起对着镜子整理自己的发型。他们二人不停地对着镜子整理着，即使发型已经很整齐了，他们还是继续坚持整理。起初，这位先生觉得这太可笑了，但随着行为的反复，他开始有能力嘲笑自己的行为，然后他反复整理头发的强迫行为就渐渐消退了。

同样的案例在弗兰克尔的同事那里也获得了成功。这位同事遇见了一位因自己与他人谈话时会频繁眨眼而烦恼的患者，于是他运用弗兰克尔的方式建议这位患者，今后在与他人谈话时，尽可能有意识地眨眼。当时，这位患者觉得这位治疗师的建议实在不正常，甚至怀疑这位治疗师的脑子出了什么问题。不过一段时间后，这位患者满意地回来了，因为他还是按照治疗师的建议做了尝试，在与他人谈话时尽可能有意识地眨眼。最后，他发现自己反而无法做到像以前那样频繁地眨眼了，他的症状也因此消除了。

这是一种悖论。因为人无论在何种环境或症状面前，如果被环境和症状压制，都会因处于一种虚弱的地位而无法控制局面；相反，当人能够作为环境和症状的主动参与者时，环境和症状就无法再发生作用，因为控制感已经转交到自己手中。

·精神世界·

弗洛伊德在其著名的社会人文作品《文明及其缺憾》中写道："人们会不可避免地产生一种印象，即人们往往是根据错误的标准做出判断的——认为他们都在为自己谋求权利、成功和财富，并对已经获得这些东西的人表示羡慕，却忽视了生活中真正有价值的东西。而且，在做出一般的判断时，人们往往会面临一种危险，那就是忘记人类世界及其心理生活是何等多姿多彩。"

虽然弗兰克尔与弗洛伊德的观点相左，但当他在纳粹集中营劳作时，在这一人性被压抑到极端的艰苦环境下，他反而感受到了心理的美丽。虽然这是在极端情形下所感受到的，但从中我们可以发现，人类的内心生活一旦启动，美学意义的感受就能补偿人类的艰辛生活。

在从奥斯威辛集中营被转送到德国巴伐利亚的另一个集中营的路上，弗兰克尔和狱友透过车窗凝视着莫扎特的诞生地——萨尔斯堡，附近起伏的山峦沐浴在落日余晖中的美景，令他们陶醉。这让因为集中营而介于生死之间并几乎要放弃一切的人们，重新体验到了生活的希望。

弗兰克尔回忆道，在集中营的清晨，偶尔繁星退去、晨曦出现时，他的心中会出现妻子的影像，犹如她的容颜近在眼前："爱是人类一切渴望的终极……天使睇视那无限的荣耀，竟至于浑然忘我。"

弗兰克尔在巴伐利亚落日森林艰辛劳动时，也可以与狱友一起欣赏如同丢勒的水彩画一样的自然风光。

在作为集中营的医生看护营中一位将要逝世的女囚时，那位女囚告诉弗兰克尔："我很庆幸命运给了我这么重的打击。过去，我养尊处优，从来不把精神上的成就当作一回事。"然后，她指向窗外的一棵树，并说道："那棵树，是我孤独时唯一的朋友，我经常对着那棵树说话。"弗兰克尔怀疑这位女性是否出现了幻觉，于是问她那棵树是否回答了她。女囚说："是的。它对我说，我在这儿，我在这儿，我就是生命，永恒的生命。"

以前读到这段文字时，我也如弗兰克尔一样，怀疑女囚和树的对话是否为幻觉。但后来，我慢慢地体会到，那并不是精神错乱的幻觉，因为它可以存在于一个人的心理世界中，存在于一种美学意义的精神世界中，进而成为一种生活的动力。

每个人都有权利说出自己的想法。

雅各布·利维·莫雷诺

（Jacob Levy Moreno，1889—1974）

　　雅各布·利维·莫雷诺是精神科医生、心理剧疗法创始人、团体心理治疗早期开拓者。他是罗马尼亚裔犹太人，毕业于奥地利维也纳医学院，在对一些青少年的游戏试验和对妓女的教育中逐渐发展出心理剧疗法。后来，莫雷诺移居美国，在美国创立了心理剧疗法中心。他的心理治疗思想强调参与者的自发性，在安全和自发的治疗过程中展现、整合心灵。角色扮演、替身、镜像等构成了其主要技术。

　　哲卡·莫雷诺（Zerka Moreno）是雅各布·利维·莫雷诺①的妻子、当代心理剧疗法的领导人，她协助莫雷诺使心理剧疗法专业化和规范化，也推动了心理剧疗法的宣传。

---

① 为简便起见，后文均简写为莫雷诺。——编者注

雅各布·利维·莫雷诺 /（Jacob Levy Moreno, 1889—1974）

·莫雷诺创立心理剧·

游戏是人类自古以来的休闲娱乐方式，在儿童时代，我们都曾沉浸在游戏的幻想演出中。

莫雷诺是心理剧疗法的创始人、当代体验取向疗法的先驱之一，也是团体心理治疗的先行者。

和许多孩子一样，莫雷诺在儿童时代常趁着父母外出时与邻家小孩在家中无法无天地玩游戏、"扮家家"。他选择扮演上帝，因为他觉得每个人都像上帝，每个人的内在都有一种无所不能的潜力，可以参与共同创造世界的过程。有一次，他和一群孩子玩扮演上帝及天使的游戏，他们把地下室里所有的椅子一张一张地垒起来，一直堆到快接近天花板了。接着，莫雷诺爬上顶端，感受作为上帝在云端之上的伟大，结果一不小心摔了下来，把手臂摔骨折了。据说，这次的经历让他体会到原来上帝也会失落。这些儿时"扮家家"

的重要经验，奠定了他日后创立心理剧疗法的基础。

1908—1911 年，人们时常可以在维也纳的公园里看见一个青年和一群孩子在玩"扮家家"的游戏。那是年轻的莫雷诺在让孩子们即兴扮演上帝以解决各自的生活困扰。有时，他也让孩子们自行决定演出的主题，并试着让孩子们自己去发现解决问题的路径和可能性。这一试验慢慢获得了成功，许多孩子的问题得到了改善，因此这一经验促使不少学校的老师和孩子的家长催促莫雷诺尽快设立表演剧场来帮助孩子们。这促成了 1912 年 4 月 1 日心理剧疗法的正式诞生。

莫雷诺在维也纳成立了自发剧场，用以安排心理剧的演出。他将维也纳一座旧博物馆改造成心理剧治疗剧场，自己身着弄臣戏服，邀请观众自由地到舞台上扮演国王的角色，发表对当时的政府、政治官僚的想法和情绪，以及自己对治国理念的想法及具体的治国方法。在当时还是君主立宪制的奥地利，这样的演出实在太大胆了，许多人就此离席。剩下的观众则相当冷淡和不知所措，最后的结果是，没有一个人敢走上舞台。但莫雷诺因此开启了民主的思潮，每个人都有权利说出自己的想法。

一天，莫雷诺在街上看见警察正在抓捕妓女，以改善社会风化问题。为了了解这一社会问题和妓女生活的困难，他亲自进入红灯区去了解妓女的生活，协助她们以一种更好的方式来调整自己的生活。后来，他为这些红灯区妓女组织了一个自助团体。在团体中，她们可以隐藏自己的姓名，讨论彼此现有的处境并互相支持。同时，他还帮助她们了解自己的现状，引发她们内在改变的动机，从而让她们解决自己的问题，提升自我价值感。

心理剧疗法的实施完全是原创性的，没有预设的剧本，人们是随着心理剧治疗团体的热身而自然地展开故事的。当然，心理剧是需要具有专业和创造性的指导者做导演的。完整的心理剧可以分为三个阶段：暖身阶段、演出阶段、谈论分享阶段。

莫雷诺解释道，心理剧的目标是引发患者的自发行为。心理剧是一种可以使患者的感情得到宣泄，从而达到治疗效果的方式，不是观赏性质的戏剧和小品。

1936 年，莫雷诺在美国纽约开设了一家私人精神科疗养院以组织心理剧的演出，后来这里也成为心理剧疗法专业人员和导演的训练中心。莫雷诺在妻子哲卡的协助下，将心理剧训练正规化，并成立了美国团体心理治疗与心理剧协会（American Society for Group Psychotherapy and Psychodrama, ASGPP）。同时，他开始利用每个周末提供 "open sessions"，让人们有机会在一个公开的场所表达自己，意识到自己内在的动力，并促进自己在生活中的改变。这种方式一直延续到 20 世纪 70 年代早期，并发展、延伸到国外，如欧洲和北美其他地区。

·哲卡的个性·

哲卡·莫雷诺是莫雷诺的妻子，与莫雷诺共同创立了心理剧疗法。如果说莫雷诺是心理剧的原创者，那么哲卡·莫雷诺便是这一心理疗法的发展者和规范者。

莫雷诺曾说："在我极富创造性的一生中，对我而言最重要的一件事就是我在 1941 年找到了工作伙伴，并在 1949 年与她结为夫妻，她就是哲卡；进一步说，如果我还能对自己的生命期望做些改变的话，我希望我能早 15 年遇见哲卡。"

但是，成为莫雷诺的妻子并与之长相厮守并不是一件容易的事。莫雷诺虽是一代团体心理治疗专家，一生治疗过无数患者、调整过无数人际关系，但在自己的婚姻情感上并不真正成熟。在遇见哲卡之前，莫雷诺已经有过多次背叛和失败的婚姻：第一任妻子是奥地利的玛丽安娜（Marianne），莫雷诺在去美国后就抛弃了她并另觅新欢；第二任妻子是美国的比特丽斯（Beatrice），莫雷诺因为和她在一起而顺利获得了美国公民权，不过在结婚 6 年后就和她离婚了；第三任妻子是比莫雷诺小 23 岁且年轻貌美的弗洛伦丝（Florence），但这段婚姻在 10 年后还是解体了。

莫雷诺在这些亲密关系上的失败和在工作上的成功，从当代的心理治疗观点来看，可能意味着他存在某些自恋的特点，这与我们在本书后面要介绍的格式塔疗法创始人皮尔斯有不少相似之处。这类自恋的个体往往在生活和工作的许多方面都具有非凡的创造力并享有社会成功，但在亲密关系中却屡屡遭遇失败。

不过，哲卡是幸运的。哲卡与莫雷诺的婚姻之所以能够成功，原因之一可能是当时的莫雷诺已经老迈了。他们结婚那年，莫雷诺已经 50 岁了。一般来说，由于生活的挫折，具有自恋特点的人到了老年阶段，其身上一些由自恋导致的缺陷往往会被修复。当然，他们婚姻幸福可能与哲卡本身的魅力、能力、智慧也有着巨大的关系。

1941 年，哲卡带着姐姐到美国莫雷诺的治疗中心接受治疗，二人因此而相识。哲卡比莫雷诺整整小 28 岁，据说当莫雷诺第一次见到哲卡时就觉得自己爱上了她，因为他认为自己已经找到那位能一起工作、整合生命理念的情感伴侣。有趣的是，哲卡对莫雷诺也有相同的感受，这就是心理剧所说的心灵感应。8 年后，二人便结婚了。

哲卡的个性可以从她的一些生活事件中体现出来。1958 年，哲卡的右手臂长了一个恶性肿瘤，要想保住性命就必须截去右臂。莫雷诺的家庭因此而一度被笼罩在忧愁和无助的气氛中。哲卡在之后的治疗中被截去右臂，从此变成了残疾人，那时她只有 40 岁。但她并没有一蹶不振、自怨自艾，这一灾难反而在未来的生活中激发出她挑战命运的更大力量和毅力。身体恢复后，哲卡在家庭中使用心理剧来探索和体验她与莫雷诺的困难，并重新投入发展心理剧的工作中。这样的生命韧性对莫雷诺本人也绝对是种挑战和触动。

哲卡在当今整个心理剧疗法的发展中都是十分关键的角色。莫雷诺逝世后，哲卡成为心理剧疗法协会中的领袖人物，领导心理剧的规范发展、培训考试、传播普及。同时，她也是当代许多国际知名的心理剧治疗导演的老师。

一个人在生活顺利时能够坚定自己的意志是容易的，但在失败和遇到挫折时仍能坚定自己的意志并发愤图强，则是难能可贵的。

"你自己离过两次婚，怎么能指导家庭治疗呢？"

"我就是从这种经验中学习的。"

维吉尼亚·萨提亚

（Virginia Satir, 1916—1988）

维吉尼亚·萨提亚是美国著名家庭治疗专家、萨提亚家庭疗法的创始人。萨提亚曾从事智障儿童和资优儿童的教育工作，她尝试从了解儿童所在家庭的角度出发，理解个体心理和社会问题以作为治疗的线索和依据。萨提亚的根本治疗思想是人性主义的，她相信每个人本身就是一个奇迹，有不断开放地接受新信息和演变发展的内在潜力；家庭雕塑是萨提亚家庭疗法中重要的核心技术。萨提亚晚年的工作重点是对大型企业、政府等组织的人际沟通方面的培训，这使萨提亚治疗模式在企业培训方面也得到了一定程度的发展。

维吉尼亚·萨提亚 /（Virginia Satir, 1916—1988）

·萨提亚家庭疗法的产生·

心理疗法的产生几乎都源自心理咨询师遇见了某位或某类患者，而萨提亚家庭疗法的产生源自萨提亚遇见了一位精神分裂症少女。1951 年，萨提亚在社区工作，一个被诊断为精神分裂症的女孩被送来接受心理治疗。在对女孩进行了 6 个月的治疗后，她的心理状况渐渐好转。

照理说，女孩的家人应该高兴才对，可不久后，萨提亚却接到女孩母亲打来的电话，女孩的母亲指责萨提亚离间她们母女的感情。萨提亚以其敏锐的洞察力觉察到，这位母亲不满的言语背后似乎有恳求的意味，好像隐藏着什么。于是，她要求这位母亲与女儿一起来参加咨询会谈。当她们一起来见萨提亚时，萨提亚发现自己之前与女孩建立的良好治疗关系竟然消失了，她又回到了 6 个月前的问题状态。

"这里面究竟发生了什么事？是母亲对女儿施加了什么

影响吗？还是我与女孩的治疗关系出现了问题？"这些想法立时盘旋在萨提亚的心头。

萨提亚带着这些疑问继续为这对母女进行心理治疗。母亲、女孩、萨提亚之间慢慢建立起新的、良好的关系，女孩的症状又开始改善了。这时，萨提亚邀请家庭中的父亲一起参与治疗过程。结果，当他成为会谈中的一员时，本来建立起来的良好治疗关系又消失殆尽，女孩又掉回原来的问题状态。

"是什么缘故让这个家庭的成员之间互相影响、互相制约呢？"萨提亚觉得自己可能已经接近某个关键的问题。而正是这个问题，后来成为她创立萨提亚家庭疗法的契机。

萨提亚询问这个家庭是否还有其他成员。当剩下的那位被称为"天之骄子"的儿子来到咨询室并展现他在这个家庭中举足轻重的地位时，萨提亚更清晰地看到了女孩在家庭中被"力量架空"的角色及力求生存的痛苦挣扎。

这些经历及之后的经验让萨提亚发现，治疗并不仅限于"那位被认定的患者"，也需要整个家庭系统的介入。也就是说，她可以借改善家庭成员之间的关系，来带动整个家庭的改变。当然，这也自然而然地改变了家庭中的每一位成员。

这一发现让萨提亚开始强有力地使用"雕塑"技术。她让来访者以不同的身体姿态来代表、呈现沟通的信息，这些身体姿态可以透露出来访者没有意识到的信息，并使他们觉察到这些信息，进而有所改变。

例如，萨提亚让那位家中的"天之骄子"站在椅子上，让他的父母朝他摆出崇拜的姿势，并且不留一丝余地给女儿。借着让家庭成员演出这一场景，萨提亚使他们认识到他们经常否认的感受。这种体验也促使他们去改变彼此之间的关系。

萨提亚从这次经验出发，发展出以系统取向来帮助家庭的治疗技术，对治疗界产生了巨大的影响。

在心理治疗的过程中，患者有时能教会心理治疗师很多东西。而正是这样的互动过程和经验，才使心理治疗师从青涩走向成熟。

·哭了·

萨提亚在家庭疗法的发展中扮演着重要的角色，她创立了著名的萨提亚家庭疗法，并创建了先锋性的国际团体治疗组织。萨提亚还是个极富感染力和亲和力的人，因此她也是最有个人魅力的家庭治疗师和领导者。

有一次，在萨提亚的重要朋友保罗的追悼会上，萨提亚痛哭不已。她自省道："保罗借着他的去世送给我一个礼物，我从不曾在一群人面前哭，但我今天就是没有办法控制自己。"

在实际的治疗过程和日常生活中，萨提亚也常以真挚和坦诚给人以亲和的感受，这一亲和的人性打动了自那个时代至今许许多多的人。

萨提亚在生活中也坦承自己的脆弱，她会像一般的家庭主妇一样热衷于下厨和购买鲜花。她曾离异两次，但一直幻想着有位白马王子能够出现在自己面前。

她的主要学生之一玛莉亚·葛茉莉（Maria Gomori）曾回忆道，在一次家庭治疗训练中，有人询问萨提亚："你自己离过两次婚，怎么能指导家庭治疗呢？"

萨提亚坦承道："我就是从这种经验中学习的。"

当然，这并不能被误解成，想成为优秀的临床心理学家就要经历一遍人类的心理痛苦，事实并非如此。因为大部分优秀的临床心理学家，主要还是从前辈积累的案例和经验及自己对问题的敏锐领悟中学习并获得重要发现的。

但是，的确有少部分优秀的临床心理学家是从深渊里走出来的人。因自己曾经历痛苦，他们会特别关注和省思人类的心灵，并因此发展出某种疗愈心灵的方法。

对理想人物的幻想并不一定与现实一致。

由过分崇拜产生的预期会导致巨大的失落和
无端的伤害。

弗雷德里克·S.皮尔斯

（ Frederick S. Perls， 1893—1970 ）

　　弗雷德里克·S.皮尔斯是德裔精神科医生、格式塔疗法的创始人。皮尔斯早年在德国接受精神分析训练，成为精神分析师后，他前往南非建立了南非精神分析研究所。由于与精神分析界的观点不同，他离开精神分析学派，之后通过综合格式塔心理学的某些原则、整体论、禅宗等内容发展出格式塔疗法，并在美国、加拿大、以色列、日本等地建立了格式塔治疗培训中心。皮尔斯晚年自封为"古鲁"——无上的精神导师，在加拿大的岛屿上建立了格式塔公社，并在那里去世。皮尔斯的治疗思想强调治疗现场的当下和觉察，进而通过试验去完形那些情结。格式塔治疗现场往往是相当戏剧化和情绪化的。当代格式塔疗法的治疗师已经将皮尔斯的治疗思想完善并发展为一种更为成熟的治疗理念，并在和谐的咨访关系的基础上，试验发展格式塔的完形。

弗雷德里克·S.皮尔斯 /（Frederick S. Perls, 1893—1970）

· 坏孩子皮尔斯 ·

我并不希望你在阅读这个故事后对格式塔疗法产生误解或反感之情，因此我必须提前进行一些说明。当代的绝大部分格式塔治疗师都是使用成熟和人性的对话方式来推动治疗的，所以下面描述的一切在当代的格式塔治疗师身上不会出现。当然，我们要明白皮尔斯的心理治疗思想是相当具有临床价值的，并把他的个人行为和他有价值的思想一分为二来阅读。

有首早期格式塔疗法的格言诗是这样说的：

我干我的，你干你的。

我生活在这个世界上，并不是为了迎合你的期盼；你生活在这个世界上，也不是为了满足我的期盼。

你是你，我是我。

如果我们彼此有幸寻找到对方，那确实美好。

如果不能，那也无奈。

这就是皮尔斯的格言，也是早期格式塔疗法的格言。在当代心理治疗界，除了极少数激进的皮尔斯主义者，当然不会再有人相信这样的话了。因为我们知道这样的想法未曾共情他人的生活，而他人的生活和我们的生活是有联系的。如果按照格言诗那样去生活，只会造就自己生命孤独的场景。

在那些早期心理治疗的发展中，不少治疗试验是伴随治疗师的人格特点和创造力展开的，格式塔疗法是其中最典型的。皮尔斯，一位具有充分创造力的治疗师，在他的一生中治疗了无数患有心理疾病的来访者。不过，由于他的人格特点，或者说缺陷，他也伤害过不少来访者。

家庭疗法专家萨提亚在艾萨伦学院曾与格式塔疗法创始人皮尔斯共事，她后来委婉地评价皮尔斯，"他不是一个好孩子"。

皮尔斯和妻子的关系并不好，后来他们虽然没有离婚，但至死都是分居状态。他在人格品德上并不是优秀得像科胡特、罗杰斯、罗洛·梅、比昂那样的治疗师。他拈花惹草的爱好广为人知，在晚年，他甚至公开宣称自己和来访者有性关系，并且维持了不短的时间。这在当代心理治疗界是不被允许的。在美国的心理治疗诉讼案件中，最严重的就是心理治疗师和来访者之间存在性关系或恋爱关系，治疗师如果被查实存在这一行为，将面临被吊销心理咨询师或治疗师资格，并且终生不得从事心理咨询这一行业的严厉惩罚。但在皮尔斯那个时代，相关法规还没有现在这么完善。

另一个负面的传说是，有一次，一位女性来访者来皮尔斯这里接受治疗。她不停地抱怨自己的丈夫如何虐待自己，如何殴打自己。不料，皮尔斯轻率地回应道："既然如此，你为什么不回家和你的丈夫一起解决你的问题呢？你不可以先回家自己找些解决问题的办法，然后再回来接受治疗吗？"据说这位来访者听后立即回家，拿枪打爆了丈夫的脑袋，然后又回来找皮尔斯接受治疗。但愿这件事不是真的！

当代体验取向治疗学派（由格式塔疗法等人本主义疗法发展而来的著名广义疗法群）的代表人物莱斯利·格林伯格（Leslie Greenberg）曾批评早期的格式塔疗法："（早期的）格式塔疗法被限死在激进的独立上，缺乏人本主义专家罗杰斯式的共情。"

格林伯格曾用自己去格式塔学院的故事作隐喻。当他乘船到达那个学院所在的岛上时，旁边有辆卡车，有个人坐在车里，但没有跟他说话。他在那里等了 1 个小时，最后不得不走过去问那个人："去格式塔学院怎么走？"然后，他发现那个人是来接他的！对此，格林伯格带有批评意味地说道："他一直等着我问他。这就是彻底的独立。"

来访者和治疗师注定的不对称性，导致治疗师在咨访关系中握有很大权力。治疗师怎样善用自己的权力以使来访者的利益最大化，而不是剥削来访者或满足自己的欲望，则是一大关键。上述谈及的问题并不是皮尔斯一个人的问题，他不过是一个让我们引以为戒的代表人物。

· 被弗洛伊德伤害了 ·

据皮尔斯回忆，在 1936 年的某天，他被弗洛伊德伤害了，以致他一直幻想着终有一天要当面指出弗洛伊德的一个错误——虽然这个愿望一直没有实现——这与不会潜水、不会跳伞及没有一副唱歌的好嗓子一起，成为他自称的生命中四大未完成的情结。

当时，国际精神分析大会即将在德国召开，皮尔斯作为南非第一个精神分析研究所的创立者和南非仅有的精神分析师，前往德国参加大会。皮尔斯一个人开着私人快艇，从南非海岸一直开到 6000 多千米外的德国，这一行动可以看出他的冒险精神和巨大的热情。他在会议中直接去拜访了弗洛伊德，这次拜访可能是格式塔疗法的起源之一。

当时，弗洛伊德正坐在房间里休息，看到皮尔斯这位访问者到来，于是走到门口。皮尔斯内心激动地幻想着能与这位导师坐在沙发上愉快地分享从南非海岸一路驾船而来的种种事迹，而这位导师能拍拍他的肩膀鼓励和赞赏他，这将是多么美妙的瞬间。但实际情况与皮尔斯的幻想相违。

皮尔斯开口自我介绍道："我来自南非，我来是为了在大会上递交论文，还有就是来见您。"

弗洛伊德的回应让他大失所望："你打算什么时候回去？"一瞬间，皮尔斯的梦想就破灭了，他尴尬地站在门口，心里的愤怒不可阻挡地喷发出来。当他离去时，他发誓一定要让弗洛伊德后悔曾经这样对待他。之后，皮尔斯回到南非，后来去了美国，随后离开精神分析学派并建立了格式塔疗法。

没人知道那时弗洛伊德是怎么想的，或许他正在为自己的口腔癌接近晚期而忧愁，或者因为一些精神分析家的背叛而烦恼……除了弗洛伊德自己，谁又知道真正的原因呢？

不过，如此失礼地对待一位学者，的确对皮尔斯的自尊造成了严重的伤害。在之后的30多年里，皮尔斯一直对那一伤害无法忘怀。皮尔斯说："我必须从此担负起对自己存在的责任……我反感一切身外之物：家庭、房子、仆人等，反感我赚的钱超出我自己的需要……我只想把自己从怨气和叛逆中解脱出来……我成了一个怀疑论者，近乎一个虚无主义者——否定一切……确实，我因此接受了禅宗，但我是以一种冷漠、理性的方式解脱的。"

正如荣格所说的人格阴影，如果治疗师没有足够的敏锐度去发现自己是被某些原始情绪的阴影纠缠着，那么这样从事心理治疗对自己和来访者来说都将是一件有害的事情。此时的皮尔斯无疑是被某种强有力的阴影"摄夺"了。而他接受的所谓"禅宗"也并不是真正意义上的东方佛教，因为真正的禅宗会说："并没有那么多束缚，你为何如此挣扎？"

这件轶事带来的启发是，对理想人物的幻想并不一定与现实一致。在心理咨询和心理治疗界的训练中，经常存在学员对某些心理疗法的训练师或导师过分崇拜的情况，许多敬仰在外人看来是不现实的，因为由过分崇拜产生的预期一定会与之后现实的情况不那么匹配，就如皮尔斯对弗洛伊德的过高预期所带来的后果一样，会导致巨大的失落和无端的伤害。

同时，这件轶事还让我联想起临床心理学家相处关系的敏感性。从我个人的观察经验来看，由于临床实践需要治疗师对患者心情的感受力，因此往往是比较敏感的人会加入这一行业，他们也更容易感受到一些普通社交中无须注意的细节。但是，这就会导致治疗师容易混淆治疗和生活的界限。所以，能够省思自己的敏感并有所控制，而不致过度敏感地对事物做出反应，对于同道间的人际交往就会多有裨益。

放下对患者静态的预设性成见，放下对患者
的疾病标签，

从更加全面的角度理解心理疾病患者。

米尔顿·海蓝·艾瑞克森

（Milton Hyland Erickson，1901—1980）

米尔顿·海蓝·艾瑞克森是美国精神科医生、催眠治疗专家、策略派心理治疗技术的开创者。艾瑞克森曾因小儿麻痹后遗症而有脊柱残疾，不过他身残志坚，通过自学成为20世纪催眠治疗界的领袖，也是许多短程心理治疗和策略派心理治疗专家的老师。艾瑞克森是拥有非凡创造力的心理治疗师和教学者，他的主要治疗思想是短程和解决问题取向的，最有特点的治疗技术是他创立的间接技术——透过戏剧化的轶事和比喻的技巧来呈现平行沟通，而非直接说明问题和解决方案。同时，在心理治疗过程中展现个性化的原创智慧，也是艾瑞克森所鼓励的。他的治疗思想反映在他众多的故事和案例中，这些故事和案例后来由他的学生杰伊·海利（Jay Haley）、杰弗瑞·萨德（Jeffrey Zeig）等人整理成著作。

· 策略派的智慧 ·

时间已经过去几个小时了，预定的催眠治疗还没有开始。

谁也没有想到，被邀请来实施催眠的心理治疗师居然对种花那么感兴趣，躺在病床上的那位因身患疾病而等待催眠止痛的患者，这时竟然不得不和心理治疗师谈起怎样种植花卉。

医生、护士还有家属都在旁边看着，这情景对他们来说有点太夸张了，他们付费邀请心理治疗师来，但现在居然变成这样，他们的忍耐几乎到了极限。

看着两个人还在兴高采烈地谈论着不同类型花卉的种植技巧，而浑然没有把在场等待的其他人放在心上，每个人心里都在想怎样才能中止这一荒谬的情形，并让本该有的治疗——催眠止痛——进行下去。

终于，一位医生忍无可忍，不得不出来打断他们这场关于花卉种植的谈话。他告诉心理治疗师，他此次被邀请到医院来和这位患者会面的主要原因是帮助其催眠止痛，而不是和患者谈论花卉种植，他需要忠实于自己的职业和契约。

心理治疗师微笑着告诉那位医生和四周在场的人，他已经完成催眠和止痛治疗了。大家都惊讶于这个答案，因为根本没有人看见心理治疗师执行任何催眠程序或技术，他只是一进屋就开始和患者聊起病房窗台上的一盆花，接着又聊起他自己家里的花怎样种植才好的话题。

当心理治疗师让大家注意患者的疼痛是否还强烈时，大家才发现原来患者已经被止痛。这倒是真的，患者由于兴致盎然地和心理治疗师谈论怎么种植花卉，已经高兴得忘记自己身上的痛苦了。

原来这位患者以前是一位园丁，干了几十年，因此熟悉各种花卉的种植和养育技巧，而教导他人怎样种植花卉，也是患者感兴趣的事情之一。

心理治疗师在进入治疗前就已经对患者进行过不少了解，因此制订了详细的催眠治疗计划。当他进入病房时，他便出其不意地介入了治疗，从而消除了患者的阻抗，并顺利推动了治疗的进程。

这位心理治疗师就是美国催眠治疗专家、策略派心理治疗的创立者艾瑞克森。他能出其不意地运用创造性的治疗技术取得疗效，这对个体治疗和家庭治疗产生了广泛的影响。

生活中的艾瑞克森也经常善意地展现策略派的智慧。他的学生兼朋友萨德跟随他学习了不短的时间，但萨德一直有抽烟斗的不良习惯。

一天，艾瑞克森又看见萨德在院子里抽烟斗。当他们开始谈话时，艾瑞克森给萨德讲了一个关于他自己的老朋友抽烟斗的故事，故事的内容又长又诙谐，艾瑞克森还演示了他那位朋友抽烟斗时的笨拙姿态。

萨德回忆当时心里的想法："我已经抽烟斗这么多年了，我看起来并不笨拙。"

但艾里克森之后用了 1 个小时，陈述了那位朋友各种笨拙地使用烟斗的方式和各种趣事。萨德想："幸好我不是那样的，但他为什么要告诉我这个故事，我看起来并不那么笨拙。"

萨德在开车回家的路上，一直在想这究竟是怎么回事。神奇的是，当他终于到家时，他突然对自己说："从今以后，我再也不抽烟斗了。"就这样，他永远摆脱了烟斗。

· 吉米的故事 ·

吉米是一位精神分裂症患者，由于长期患病已经智力退化，平时只知道在精神病院的病房里无聊地坐着和吃饭，口袋里永远塞满在地上捡的垃圾和树叶。

有一次，吉米所在的病房失火了，医院里的护理人员和40多位患者惊慌失措，不知道该做什么。这时，呆坐在旁边的吉米突然成为领导者，他镇静地告诉其中一位护理人员："把所有患者叫起来，由侧门把他们带出去，然后清点人数。如果你确定所有人都到齐了，就把他们带到院子里的树下，看着他们，不要让他们乱跑。"

然后，他指挥另一位护理人员："现在，把你的钥匙给我，跟我来。"接着，吉米就带着那位护理人员检查每一间病房，看是否有患者遗留在病房里或躲到床底下了。当他确信每间病房都没有人了，他才锁上门，与那位护理人员离开，走到院子空地的树下。正当两位护理人员和赶来的医生吃惊地看着这位患者时，他又开始像往常一样到处闲逛，在地上找些可以放进口袋里的垃圾和树叶了。

这是艾瑞克森讲的一个故事。那么，我们可以从中感受到什么呢？

放下对患者静态的预设性成见，放下对患者的疾病标签，从更加全面的角度理解心理疾病患者。这就是艾瑞克森试图告诉我们的，而他使用了平行沟通的方式潜移默化地传达了这一信息。

"必须主义等于狗屎主义。"

阿尔伯特·艾利斯

（Albert Ellis，1913—2007）

阿尔伯特·艾利斯是当代美国心理学家、认知行为疗法的开创者之一、理性情绪行为疗法的创始人。他早期曾接受精神分析训练，但由于认识到精神分析对部分有心理困扰的患者的治疗效果不佳，他在 1950 年后发展了通过矫正认知和行为来改善患者情绪状态的理性情绪行为疗法。艾利斯的主要治疗思想是科学和乐观主义的，他的治疗核心思想是 ABC 理论（A 是事件，B 是认知评价，C 是情绪后果）。同时，由于他开放性地整合运用各种心理治疗策略，因此他的心理疗法在科学实证研究上具有许多数据优势。他对于性教育等问题也有不少作品。《理性情绪行为疗法》一书是他对自己所创疗法进行回顾的总结性作品。

· 朗克斯公园里的男孩 ·

从40岁那年起，他已经倒霉地患上了糖尿病，而此前他曾九次因肾炎而不得不住院。

从中学到大学一年级，他因害羞而不敢在公开场合讲话。

想象一下，这样一个人，自怨自艾或许才是正常的。

事实却正好相反。在他90多岁时，他依旧充满活力，而在这个年纪如他那般有活力且快乐的老头实在不多。

他就是阿尔伯特·艾利斯，一个精力超级充沛的怪老头、公认的认知行为疗法鼻祖、创立了对抗精神分析治疗的认知疗法之一——理性情绪行为疗法的人。

艾利斯曾感叹人类折磨自身的痛苦，因此他决定不这样折磨自己。19岁那年，他发现了自己因害羞而不敢在公开场合讲话的毛病，于是他狠下心给自己布置了一项任务，那就是要求自己在一个月的时间内，在大学旁边的公园里主动跟 100 个不认识的女孩聊天。

于是，在朗克斯的公园里，每天一到时间就会出现一个害羞的男孩找女孩聊天，虽然他经常被人拒绝，跟人说话时也面红耳赤，但慢慢地，情况发生了改变，那个男孩越来越不紧张了。

那个男孩不是别人，正是艾利斯。据说，他这样努力了一个月，虽然没有任何一个女孩愿意和这个莽撞的男孩约会，他也没有找够 100 个女孩聊天，但他不再因在公共场合讲话而感到害羞了。

在艾利斯看来，他调整了自己对事件的认知，诸如"找一个女孩聊天又不会死""女孩又不是老虎"这样的认知信念使他调整了从前的非理性认知，获得了勇气和平静。生命的快乐是可以通过努力调整自己的认知信念来获得的。

所以，他后来一直很快乐，身边的人也看见他总是很有活力。到他去世前一年，他每周还会接待几十位来访者。

有位记者在采访 89 岁的艾利斯时问道："回首人生，您认为生命中什么是最重要的？您对生活的态度是什么？"

艾利斯回答："我生命中最重要的事就是对我自己使用美国式的理性情绪行为疗法，这使我总是可以无条件地接纳我自己；当然，我也在尝试着改变我所做的很多事情，使之更趋向于我自己满意的方向。我对生活的态度是顺其自然。因为我们不是被邀请到这个世界上来的，而是被动地来到这个世界上的。生活本身并没有什么意义，是我们给了它意义，我们自己决定了什么是我们喜欢的、什么是我们不喜欢的、什么是我们特殊的目标和目的，从而为我们自己的存在选择了意义。"

· 狗屎主义 ·

在一般人的认识中，心理咨询师总是那种温文尔雅、言语文明的人，但或许这是一个面具性的形象。虽然有的心理咨询师的确温文尔雅，但有的心理咨询师却不是，艾利斯就是一位充满个性且随意的心理咨询师。他在治疗过程中总是率性而为，经常是治疗技术和自己的性格融合在一起表现出来，甚至有些不雅的俚语或脏话也会出现，不过这样的独特风格确实收到了很好的疗效。一位美国临床心理学教授曾说，艾利斯的心理治疗相当有冲击力，往往一次谈话治疗能抵上一般的治疗师几次咨询的效果。

在艾利斯的脏话中，最著名的或许就是"狗屎主义"——"必须主义等于狗屎主义"。

艾利斯曾感叹人类在心理上自毁的悲惨局面。这个世界上并没有必须、应该的事情。因为当一个人面对不可实现的事件时，那些"必须"的信念容易导致消极和自毁性的人生。这种必须、应该的信念是不合理的、非理性的错误信念。这种信念会直接导致心理问题的产生。

正如一个恋爱中的人会设想对方将来也"必须"是自己永远的爱人一样，他没有考虑到这种"必须"是否经得起推敲，所以，将来他会因失败而痛苦。

有的女孩考虑自己必须是瘦的、苗条的，而不考虑这并非"必须"的。因此，当她们减肥失败时，这种"我必须是瘦的"非合理信念可能就会让她们患上进食障碍（营养不良、暴食、厌食等）。

在父母教育儿女的过程中，设置一个"必须"更是一种灾难。在这里，"必须"往往会造成父母的教育和孩子的发展之间产生差异，而这种差异就会引发冲突。

艾利斯试图引导一种健康生活的理念。多数人对成功、舒适、接受、幸福和赞同都存在强烈的偏好和愿望，这本没有问题。但当人们把这些偏好和愿望想象成自己人生必须和一定应该满足的绝对性愿望时，就会产生心理上的困难。因为，我们每个人不可能在每件事上都是永远成功的。

因此，拥有一种开放的态度，不过分苛求自己的生活，即使过得不富有，也会是幸福和健康的。相反，有太多"必须"和"应该"的偏好和愿望的生活必定是病态的。

尽管艾利斯有时在著作和演讲中会有点得意忘形、自吹自擂，不过他的许多脏话在生活中却是中肯和实际的。如果你能让自己的信念中不存在那么多臭气熏天的"必须如此""应该如此"的"狗屎"，你的人生就会比较幸福。

对旧思维的突破是需要准备和勇气的，同时还要有机缘促成。

阿伦·T. 贝克

（Aaron T. Beck，1921—2021）

阿伦·T.贝克是当代美国心理学家、认知行为疗法的创始人。贝克在早期的临床心理治疗过程中，由于受到霍妮等人的新精神分析观点的影响，以及对传统精神分析疗效研究的不满，开始尝试使用改变消极认知信念的做法来协助抑郁障碍患者改善抑郁情绪，并大获成功。随后，他逐渐发展出对焦虑障碍、强迫症等的治疗策略，进而形成一个以认知心理学为基础的咨询与治疗系统。

阿伦·T. 贝克 /（Aaron T. Beck，1921—2021）

·抑郁的母亲·

贝克、亚隆等著名心理学家的父母都是 20 世纪初从俄罗斯移居美国的，在美国的早期生活都十分艰苦。贝克的母亲作为家中长女，移居美国后就放弃了成为医生的理想，为了养活家庭只能去工厂做女工，赚取不多的薪水以养活兄弟姐妹，等稍稍有钱了，她才开了一家杂货店，同时参与一些社会活动。结婚后，贝克的母亲共生育了五个孩子，其中有两个孩子在童年时期就夭折了，这对贝克的母亲来说无疑是沉重的打击。自此，贝克的母亲就患上了抑郁障碍，一想到失去的两个孩子，她就经常唉声叹气，整个家庭也笼罩在这样的氛围中。贝克回忆自己小时候经常被试图缓解自己抑郁情绪的母亲带去看电影。只有在这样的时候，母亲才能获得暂时的解脱。所以，贝克的记忆中经常会出现二三十年代电影里的歌曲。

贝克的哥哥和贝克在某种意义上完成了母亲的愿望，虽然贝克的母亲没有给他们灌输一定要做医生的想法，但很巧合的是，贝克的一个哥哥和贝克后来都成了医生，而贝克的另一个哥哥则成了一位心理学家，后来又从事了社会工作。

贝克后来担任过精神科主任。在此期间，患者的复诊回归率提了三倍。但当时美国的精神医学界完全被精神分析统治，所有的治疗观点几乎都来自精神分析。贝克对自己取得的成功并不满意，他继续对抑郁障碍的治疗抱有持续且特殊的兴趣，这或许要归功于他那抑郁的母亲。从心理学的角度来看——但愿这不是我的野蛮分析，我也完全没有要批评贝克的认知行为疗法的意思——我们可以理解这种兴趣的起源或许来自贝克想救助母亲的动机，但这不应该作为一种批评性的意见，一个人有这样的动机是很正常和健康的。

·告别精神分析·

贝克是曾受训于美国精神分析学会的精神分析家，他经历了历时三年、一周多次的高强度精神分析，虽然他自己没觉得有多大改变，但还是一直坚持着到告一段落为止。他不知道的是，他的内心已经悄然发生变化了。

大约在 20 世纪 60 年代美国召开精神分析大会的时候，贝克开始发生质的改变。那是那次会议分会场的一个研讨会，主题是"再分析的问题"——具体内容就是精神分析师在受训成为精神分析家多年后，是否需要再次接受精神分析治疗的问题。

贝克的妻子和贝克当时一起参加了这次会议，贝克的妻子在看到这个主题后，几乎惊呼道："我的天哪！再分析？你是说你必须再回去接受分析？这太疯狂了。"

贝克后来说，妻子的这声惊呼促成了他做告别精神分析的决定。因为之前每周多次的精神分析已经让他牺牲了很多家庭生活的时间，而精神分析看似对他的内心也毫无作用。此外，在临床心理治疗中，他也看不到精神分析在有效治疗抑郁等症状方面的十分明显的证据。

在做这个决定的同时，贝克开始在临床上突破精神分析原有的治疗框架，并走上一条十分与众不同的路。他注意到来访者内心负性自动思维的过程，于是和同事顺着这个探索方向，开发了认知心理学的临床疗法——认知行为疗法。

贝克的故事启发我们，对旧思维的突破是需要准备和勇气的，同时还要有机缘促成。而贝克对精神分析是否有用的反思，现在看来至少是部分有意义的。就如现在心理治疗的实证研究所显示的那样，不同症状的来访者需要不同的治疗风格和技术，单守独门独派地进行临床治疗，往往只是满足了咨询师自己的需求，而不是以来访者为中心的。

世界上的许多人都有成为牛顿的机会，因为让牛顿成为牛顿的那个"幸运的苹果"也经常会在我们身边掉落。

弗朗辛·夏皮罗

（Francine Shapiro，1947—2019）

弗朗辛·夏皮罗是当代美国心理学家、眼动脱敏与再加工疗法的创始人、创伤后应激障碍症候群治疗专家。夏皮罗根据临床治疗经验，借鉴控制论、生理学理论、认知理论等多个领域的知识，提出当人经历创伤时，当时的场景、声音、思想、感觉会被"锁定"在神经系统中。在某种特定状态下，患者的眼球跟随治疗师手指的移动而运动数十次，就可以有效地解开神经系统的"锁定"状态，并在大脑中对创伤的经验进行再加工。这种治疗对抑郁、焦虑、多梦及多种创伤后的恐惧等心理问题具有良好的治疗效果。

· 发现"苹果"的秘密 ·

或许，世界上的许多人都有成为牛顿的机会，因为让牛顿成为牛顿的那个"幸运的苹果"也经常会在我们身边掉落。不过，遇到这个机会的人中有 99.99% 最后没有成为牛顿，因为这样的机会虽然存在，但很难被发现和把握。

1987 年，39 岁的夏皮罗因患病而处于治疗休养的状态。一天，她因感到烦恼而决定到休养地旁边的公园散步。走着走着，她的内心突然有许多想法闪过，但她没有停留在这些想法中，而仅仅是观察它们飞逝而过。等这一时刻过去后，她的烦恼之情忽然烟消云散了。这或许是一个很平常的经验，一般人可能根本不会注意到。不过，夏皮罗却注意到了。她好奇自己刚才无意识地干了些什么，竟让自己的心情得以好转。

有一个版本是这样继续这个故事的：夏皮罗又回到了公

园，检查方才走过的每一处究竟发生过什么……这样研究了一会儿后，她发现自己走过的地方有成年人和儿童在活动。她回忆了自己心情好转的过程，并记起那时候自己的双眼曾因道路两侧的人员活动而飞快地左右移动了好多次。于是她进一步思索，是否双眼左右运动导致了自己心情的转变。对生活中的绝大部分人来说，这一思索的结果可能也仅仅是一个想法，但夏皮罗当真了。而这或许与牛顿能够发现苹果的秘密的态度是相似的。

为了彻底弄清楚这种情况出现的原因，她和她的同事一起寻找了几十名志愿者来试验这一能够快速消除烦恼的发现。

夏皮罗及其同事发现，这种情况下的眼动过程和人类做梦时的快速眼动过程是相似的。什么是做梦时的快速眼动呢？就是人类在做梦的时候，眼球是快速转动的，而处于无梦时，眼球是不转动的。有研究证明，做梦是人类的自我修复机制，是一种可以恢复、释放和补偿内心平衡的健康方式。所以，在我们醒着的时候，如果能使眼球左右运动，就可以激活大脑的自我修复机制，起到恢复心理健康的作用。

于是不久后，一种重要的心理疗法便产生了，它就是眼动脱敏与再加工疗法。

这一疗法的特别之处在于，它对创伤后应激障碍症状有很好的治疗作用。这一治疗作用获得了多种实证研究的证实。

在参加过越战的退伍军人中，有不少因为战争中残酷的环境而出现创伤后应激障碍症状的人，他们不是整天沉浸在恐怖的回忆中无法自拔，就是整晚被回到战场的噩梦所困扰。许多疗法，如精神分析，对这类症状群的治疗效果很差，往往努力治疗多年也没有什么效果。但使用眼动脱敏与再加工疗法，可能 10 次左右，症状就会大幅好转甚至痊愈。

因此，眼动脱敏与再加工疗法是当前治疗创伤后应激障碍的首选疗法。

夏皮罗因此贡献获得了 1994 年美国心理学会杰出科学成就奖。这一疗法现在已经被全球不少国家使用，并取得了很好的治疗效果。

这就是夏皮罗发现"苹果"秘密的故事。

当我们试图赶走痛苦时，反而会把它变成一种折磨我们的力量。

学习接受一切吧，生活并非永远是快乐的。

史蒂文·C.海斯

（Steven C. Hayes，1949——　　）

史蒂文·C.海斯是当代美国心理学家、行为主义疗法最新发展的代表人物之一、接纳承诺疗法的创始人。海斯的心理治疗思想是行为主义心理学的，但这一思想并不是肤浅地只关注行为，而是在治疗中融合了深度意义。他的治疗强调，患者需要面对烦恼，而不是一味逃避，当患者接受烦恼时，症状就会开始有所改善。同时，患者需要设计自己的理想和价值并付诸行动。

史蒂文·C.海斯 /（Steven C. Hayes, 1949—　）

·久病成医·

与森田正马类似，在临床心理学家中，有少数人自己就曾是心理疾病患者。正是疾病使他们通过心理学知识获得帮助，并因此得以超越自己的心理问题。其中不乏最后成为心理治疗专家的人。海斯就是一例。他是当代心理治疗界中接纳承诺疗法的创始人，而接纳承诺疗法是当代行为主义疗法第三波代表疗法之一。

在成为临床心理学专家之前，海斯曾遭受焦虑障碍的折磨。1978 年，海斯 29 岁，作为发言人之一参加某个心理学会议。当时正好轮到海斯上台发言。当他走上演讲台时，全场都在等他开始演讲，但等了很久，只能看到他努力地张开嘴，却发不出声音。大家惊讶地注视着他，不知道发生了什么……原来，当他准备开始演讲时，由于过度焦虑和紧张，他越想说却越说不出话来。他能够闭上或张开自己的嘴巴，但一个字也说不出口。一周之内，同样的焦虑发作再次出现。这使他承受了因焦虑而出现的焦虑，这种期待性的焦虑通常是焦虑障碍患者常见的症状。接着，他的焦虑障碍开始反复发作，次数也越来越频繁，并泛化到日常生活的各个方面。到 1980 年，海斯已经无法正常说话、无法乘坐电梯、无法去电影院和餐馆等公共场所。

但海斯不得不为生计而继续努力。当时的他是大学老师，由于无法正常讲话，他在课堂教学的大部分时间里只能让学生们观看投影，可即便放投影这样简单的动作，他也会因为双手颤抖而无法完成。

这促使他寻找各种有效的心理疗法来使自己摆脱这一窘迫之境，同时他也积极地研究各种心理疗法，并在自己身上实践。于是，一位杰出的心理治疗专家就这样诞生了。

海斯现在已痊愈多年，并成为临床心理学新生代疗法的领军人物之一。他创作或与他人合著了 300 多篇专业论文及 27 部专业著作，治疗了无数来访者。

海斯的好转得益于他在焦虑障碍中慢慢学会了接受和承纳焦虑，了解到生活并非永远是快乐的。

如果心理疾病患者能够接纳自己的思想，就有可能瓦解自己的心理困扰。许多心理困扰或疾病形成的一个很重要的原因是，我们总是试图对已经发生的现实或内心问题进行修改。因为无法接受，所以我们想改变事实，于是问题就产生了。

海斯后来曾使用"以铲除洞"（Man in Hole Metaphor）的比喻来说明问题的形成：有一个人失陷于地洞中，他在地洞中无法找到出路，而他的手中仅有一把铲子。于是，他努力地向下掘地，试图寻找出路，但这样挖掘的结果只能是越陷越深，再也没有办法爬出地洞。这个人并非不努力，也并非使用了错误的工具，他的大方向本就是错的。

海斯还列举了著名的"钟摆实验"来说明他因接纳问题而获得痊愈的治疗观点。"钟摆实验"是调查人员让 84 个人分别握住钟摆，但是给他们不一样的口令。调查人员对其中一些人只下了"握住钟摆"的指令，而对另外一些人则下了"握住钟摆，不要让它左右晃动"的指令。结果，在指令详细的那一组人里，让钟摆晃动的人数反而比另一组多。这是为什么呢？

"因为头脑中出现'不要让它左右晃动'的想法反而刺激了控制动作的那块肌肉。"海斯说道。这个实验与海斯的理论完全相符，他相信，当我们试图赶走痛苦时，反而会把它变成一种折磨我们的力量。接纳承诺疗法则相反，它并不试图赶走痛苦，而是接受它为自然的一部分属性，这样反而削弱了消极心理的力量。因此，解决的方式就是学习接受一切，无论它是好的还是坏的。一旦我们承认、接纳这些，并将问题放到更大的生活背景中去理解它的意义，困扰就会开始慢慢消退。

· 平衡的生活 ·

我曾联系海斯，试图邀请他来中国讲学，几经周折，终于联系上了。当时，他回信说自己刚刚结束了一个在欧洲的会议，正在前往美国的家的旅途中。我想，他倒是蛮逍遥的。

面对我的邀请，他说可以来中国授课，不过因为他的一个孩子刚出生9个月，所以他想尽父亲和丈夫的责任，与妻子和孩子在一起。如果一定要邀请他到中国来授课，他希望和他们一起来。这样一来，我们的培训预算中就要增加他的妻子和孩子的费用，经费可能就无法支撑这一活动了。所以，这一计划最终没能实现。

我对这次培训没能策划成功感到遗憾，甚至觉得海斯没有市场眼光，忽视了培训中国心理咨询师的广大市场。不过，从另一个角度来看，我觉得海斯倒是挺能平衡自己生活的各个方面的。从一位心理学家的角度来说，扩展自己的理论及疗法的影响固然是一生中比较重要的事情，但也要考虑自己的生活是否会因此而受到影响。能够平衡生活、家人、工作事业的分量，这倒是一份不错的心态。

作为心理咨询师，有自己的生活界限和自知，有时是很重要的事情。一位美国著名心理治疗师曾就自己的经验警告道，有不少心理咨询师为了获得高额收入，每天要接待 10~12 位来访者（每位 50 分钟），每周要接待五六十位来访者，而且不给自己休假。这样过不了多久，心理咨询师自己可能就会出现心理问题。这样忘我地工作并没有什么值得赞叹的地方。实际上，这是把自己异化为经济发展的奴隶和机器，而忘记了自己的本性。这样的个体非但不适合从事心理咨询师这一职业，反而需要先接受一些心理咨询来帮助自己。